AF218248

VV. AA.

(h)amor[10]
bi(y)bollo

VV.AA., *(h)amor¹⁰ bi(y)bollo*. Editorial Continta Me Tienes, colección **La pasión de Mary Read**

Primera edición: febrero de 2025
Segunda edición: marzo de 2025

Edición a cargo de Sandra Cendal

324 pp., 11,5 x 17 cm
Depósito legal: NA 10-2025 | ISBN: 978-84-19323-30-9
IBIC: JFFK Feminismo

Colección La pasión de Mary Read, 56

Continta Me Tienes
C/ Belmonte de Tajo 55, 3º C
28019, Madrid
91 469 35 12 ~ info@contintametienes.com
www.contintametienes.com
𝕏 @Continta_mt
f ContintaMeTienes
@contintametienes

FSC
www.fsc.org
MIXTO
Papel procedente de
fuentes responsables
FSC® C107210

Índice

(h)amor[10] bi(y)bollo

M&Ms EN EL ANTEBRAZO

Aida González Rossi

Aida González Rossi *(Tenerife, 1995) es escritora y periodista especializada en Estudios de Género. Ha publicado los poemarios* Deseo y la tierra *(Cartonera Island, 2018) y* Pueblo yo *(Libero Editorial, 2020) y la novela* Leche condensada *(Caballo de Troya, 2023). También ha participado en antologías como* La casa del poeta *(Trampa Ediciones, 2021),* Esto es un cuerpo. Culo *(Ediciones Comisura, 2023) y* Flores y ruina *(Dos Bigotes, 2024).*

M&Ms en el antebrazo

AIDA GONZÁLEZ ROSSI

I want 'em back, I want 'em back
The minds we had, the minds we had
How all the thoughts, how all the thoughts
Moved 'round our heads, moved 'round our heads
I want 'em back, I want 'em back
The minds we had, the minds we had
It's not enough to feel the lack
I want 'em back, I want 'em back.

Lorde

Formas posibles de este texto, primeras formas que me aparecen en el deseo (hay un órgano en el cuerpo responsable de escoger lo que vamos a escribir, y, como no tiene nombre, así lo llamo yo) cuando me pregunto qué puedo contar en esta montañita de folios:

(1) Una ristra de poemas sobre los dientes de mis amigas del instituto.

(2) Una carta de amor-perdón-rabia a mi ex mejor amiga, la que se fue a vivir fuera del pueblo y empezó a negar los besos que nos dábamos cada vez que nos empegostábamos los labios con ron y Coca-Cola de la falsa del Covirán. Combinación mágica. Así titularía la carta, «Combinación mágica», y en ella hablaría sobre las cosas que solo pueden darse bajo unas circunstancias determinadas y nos obligan a buscar las circunstancias determinadas con desesperación porque todas queremos que sucedan, pero entonces ¿por qué no suceden solas, en una fiesta de pijamas cualquiera? Amor-perdón-rabia porque no era tan fácil, claro.

(3) Una lista de juegos para besarse disimuladamente con las amigas, a los quince.

(4) Un cuento sobre tres amigas obsesionadas con la saga *Crepúsculo*. Fantasean con apellidarse Cullen y se dedican a morderse flojito por las tardes, jartas de hacer tarea de Lengua. Al final, algo dentro de ellas, algo pequeño y húmedo, algo como una tecla de ordenador (se pulsa y hay casi una palabra y hay que completarla como sea, hay que perseguirla o), cambia de pronto y se creen que se convirtieron en vampiras de verdad. No por los mordiscos, sino por la necesidad de las otras, por la inercia de arrancar las caspitas de alrededor de las uñas de las otras como si fueran propias cuando están cogidas de manos, por las ganas de no volver a hablar con nadie más del pueblo, y por los sueños, hm, que no pueden evitar hacer realidad en cuanto se ven. Cruzar un umbral, haberse pegado tanto que ya despegarse es inviable. Y abrasador. Lo vampírico como excusa para encarnar a un ser que traga y se alimenta, que necesita y se deja llevar, que no puede evitarlo y debe esconder su ansia excepto con. Más fácil llorar susurrando: una parte de mí, y

no sé lo potente que puede llegar a ser esa parte, tiene sed de su sangre. Que admitir: estoy incondicional e irrevocablemente enamorada de ustedes. Dos. Ustedes. O quizás una tercera cosa de la que no están seguras, todavía.

(5) Una conversación de Messenger en la que los secretos se confiesan solo a través de emoticonos y de repente aparece el de la lluvia. Y el de la flor pudriéndose. Y de repente una letra que se tiene que volver sí o sí una palabra, y todo explota y cómo pudiste y enfadadas hasta que una tarde, ya en el segundo o tercer año de la universidad, mensaje por Facebook.

(6) Es mentira lo último. Nadie habló jamás.

(7) Es mentira lo último. Yo hablo todo el rato sobre todo esto.

(8) ¿Por qué vuelvo una y otra vez a lo que ya pasó? ¿Hay silencio, ruido y nada más? ¿O hay una tercera cosa de la que yo tampoco estoy muy segura aún?

* * *

Me pasa algo que me frustra y me avergüenza:

Estoy encerrada en un universo, en un discurso. El órgano que decide lo que se escribe me envía siempre las mismas imágenes: golosinas, ron y un cuarto lleno de pósteres de *My Chemical Romance* y Pusheen, amores reprimidos y guarramente íntimos entre amigas de pueblo, una estética ineludible de primeros morreos y guantes de cuadros sin dedos. Recuerdos con los que he generado tal dependencia que, si no me permito meter aunque sea uno, me aburro de mis propios textos. Recuerdos que me importan tanto todavía que descuido muchísimas otras cuestiones que también me interesan. No sé hablar de nada más.

Tiene que ver esto que me pasa, creo, con varias cuestiones. La primera: lo no vivido para contarse suele ser lo que se cuenta después con más ganas. Lo sucedido en silencio, sin elaborarse mientras, requiere que le inventemos un lenguaje que quizás no le acompañó en su momento. Mentir un poco para ver si alguna mentira de las que tenemos a mano le encaja un fisco al menos. Y así, búsqueda incesante. Diversión y preguntas. Apropiación y romper las normas porque no nos sirven. Las escrituras que más nos entretienen son las que nunca logran sus objetivos: los caminos, y no los fines, se vuelven lo importante, aproximaciones infinitas para mi hambre de hablar. Yo empecé a obsesionarme con escribir justo por eso, porque jamás había considerado que mi pueblo, mi adolescencia, mi vida en general, pudieran convertirse de algún modo en historias capaces de interesar a otres ajenes a ese entorno, no ligades a él por la costumbre y la obligatoriedad. No construides mirando y mirando la montaña Acojeja. Cuando hablaba todos los días por el Messenger con gente de lugares lejanos (de otros países, de la península, incluso de Santa Cruz), me costaba muchísimo darle forma con palabras a ese paisaje lluvioso y a ese arregostarnos en unas escaleras putrefactas a masticar chicles durante toda una tarde. ¿Era algo tan ajeno para les otres? No: era algo que no casaba con las palabras con las que yo entendía que debía contarse una adolescencia, faltaban bloques y hierbitas entre los bloques. No me saciaban en absoluto herramientas como la seriedad, la neutralidad, el orden, el razonamiento, la corrección.

La escritura pasó entonces de ser un: quiero que me entiendan por dentro. A ser un: quiero que puedan entender bien cómo he vivido. O más bien pasó a ser las dos cosas a la vez, y quizá en ese momento, al comprender por primera vez que el lenguaje no llegaba, empecé a divertirme de verdad tecleando flipada en mi ordenador cochambroso, o empecé a entender esos tecleos también como algo político. Acompañante en la vida. Facilitador de mirarme. Importante para mí.

Esto coincidió con la época en la que me mudé a un piso de estudiantes al otro lado de la isla para ir a la universidad. Por lo tanto, lo último que viví en esa especie de oscuridad pretextual, en ese experimentar algo y no estar mientras un poco obsesionada con cómo lo contaría, fueron los años de instituto: rebuscar rebuscar rebuscar rebuscar y jugar.

Durante los años de instituto, sin embargo, había a mi alrededor algo incluso más secreto y denostado. Algo que ni siquiera podía hablar del todo con las personas cercanas, o con ciertas amigas, o conmigo misma. Algo que no me habría atrevido, si hubiera entendido así la escritura entonces, a querer saber pronunciar. Algo que mi amiga R., por ejemplo, entendía e incluso toqueteaba y nombraba a su modo, pero a la vez algo lleno de un ruido que era tan difícil quitarse de encima que ya luego que ya algún día que ahora sobrevivir y fingir, performar, silencio.

Silencio pretextual + silencio protector, por lo tanto. Silencio periférico + silencio obligatorio. No sé decirme + cállate la boca y ten cuidado.

En general, las adolescencias suelen ser inexplicables y jarrapientas, intensas y caóticas, contrarias a las normas y las prescripciones. Las cosas suelen hacerse en secreto y cuestionando, o pasando un poco de, lo no secreto. Importa más la risa con mi amiga que la tarea de Lengua, y en la risa con mi amiga mandamos mi amiga y yo y nadie más, y por lo tanto ahí está la vida verdadera. Me atrevo a decir que mi adolescencia sáfica, como tantas otras adolescencias medio clandestinas, fue todo esto doblemente, tanto por el silencio como por la falta de palabras. El silencio nos condenaba a un cuarto de puerta cerrada, pero tener la puerta cerrada nos salvaba de algunas palabras que ni se nos ocurría que pudieran aplicársenos a nosotras. Novia. Amante. Bollera de mierda. Enamorada, erotizada, obsesionada. Las cosas latían solas y para sí mismas, nos movíamos sin pensarlo demasiado y el resultado solía ser agradable, íntimo y tierno. De nada estábamos seguras, y no nos quedaba otra que aceptarlo: era demasiado fuerte el impulso de comernos un paquete de M&Ms entero, medio derretido, chorreante y manchante, sobre el antebrazo de la otra, y también lo era el de hacer como que no se debía aquello a que hubiera allí una piel y unos labios.

* * *

Crecer implica a veces aprender a estar segura. Adquirir certezas y, si se tiene suerte, mucha suerte, la suerte que yo he tenido, romper silencios y adquirir también palabras. Llenar los silencios de palabras que más o menos se les parecen: lo que decía antes de hablar para intentar inventar el lenguaje que no tuviste en su momento y encontrarte con un montón de aproximaciones. El problema aquí es que crecer implica a veces conformarse con algunas de ellas, acomodarse en su mullición. Repetirse tantas veces una respuesta consoladora que se acaba perdiendo de vista lo necesaria, lo vital, que era la pregunta.

Las palabras no son como las cosas. Las cosas pueden ser excepcionales y ambiguas, cambiantes y fluidas, pueden estar calientes o frías, pueden acomodarse en la duda y el tembleque. Las cosas son únicas y tienen muchos matices que se pierden cuando las intentamos meter dentro de una palabra repetida y repetida y moldeada y moldeada por millones de manos que, de usarla tanto, de hacer tanta fuerza para guardar y guardar dentro de ella, la han abollado. «Amistad»: experiencia única vivida por dos personas y definida por un sonido que hace que le pensemos unas características determinadas que, por otro lado, se han ido construyendo a través de procesos muy complejos. Ideológicos, por ejemplo. Describir para luego prescribir, y así nos guiamos en la vida, y así sucede como cuando se pierden significados en una traducción: perdido en el lenguaje.

Tal vez lo nacido en el silencio, ajeno a la guía palabril, ajeno a las características impuestas por las bocas de otres (aunque no del todo:

recordemos que este silencio es protector porque, precisamente, protege de algo), aprendemos a verlo desde una complejidad demasiado grande para ser contada. Ya lo recordamos así, único y ambiguo, y qué difícil, ¿eh?, ponerle palabras a algo vivido sin la obsesión de meterlo en una casillita y darle una forma manejable. Y quizá por eso al final nos acaba obsesionando y se nos acaba repitiendo como el ajo del mojo verde que me muero que tengo que echarlo que si no se me pudre dentro y dale eructo dale eructo ay me viene un yeyo de la risa. Las jaulitas del lenguaje no yendo por delante, sino persiguiendo. Como si la hubiéramos cagado entendiendo algo desde otra lógica y tuviéramos que lidiar ahora con tremendo estropicio. Desver toda su riqueza.

Es un poco parecido a lo que me pasó con el pueblo, con la isla, el dialecto, etc.: construir, o descifrar, mi identidad sáfica ha ido de la mano con intentar reconstruir, para comprenderla, la vida sáfica en la que me vi inmersa cuando no tenía ni idea de lo que era una vida sáfica. Por eso supongo que chorreo referencias a ese refugio natural y cálido que no se llamaba refugio entonces, sino necesidad, vida, mejor amiga, mejores amigas, codependencia, sed, confusión, secreto, borrachera, (L), (K), tutorial, test, merienda, cosquillas, pedos aguantados, arresto, vergüenza.

No estoy romantizando el silencio, pero sí que creo que para sobrevivir al silencio hemos tenido que hacer algunas cosas muy hermosas.

* * *

Entonces, gracias a todo eso casualmente hermoso entre el dolor y la confusión y la opresión y la violencia, ¿sabía antes cosas que ahora no sé? ¿Amaba antes mejor que ahora? ¿Me han jodido la vida las definiciones? No.

Insisto: no quiero romantizar el silencio. Creo que una de las cosas peligrosas de generar estéticas de la represión es convencernos de que la represión da lugar a una especie de pureza. Como si la intensidad de lo prohibido fuera un estado natural del deseo que lo muestra tal como es antes de que se complejice y se pervierta, o antes de que se normalice y deje de sobrecogernos. Por eso me importa muchísimo dejar claro que hablar sobre lo que pasó, sobre lo que hubo tal como lo hubo, no implica, en absoluto, estar de acuerdo con ello o considerarlo justo. La vida habría sido muchísimo más fácil y mejor si hubiéramos contado con medios para nombrarnos, si no nos hubieran hecho *bullying*, si a mi amiga R. no la hubieran castigado y humillado (incluso el director de nuestro instituto la amenazaba por los pasillos con ponerle un parte rojo si volvía a trincarla cogiéndose de manos con su novia) por haber salido del armario. Yo salí del armario como lesbiana a los veinte y como bisexual a los veintinueve, es decir, este año. Todavía hoy, la mayoría de los días me pregunto quién soy y quién estoy fingiendo ser y me asusta no saber distinguirlo, y por el camino he perdido a prácticamente todas mis amigas de la adolescencia: por desgracia, no nos conocíamos en realidad y el ruido nos ahogó tanto que después nos acabamos rechazando. Esto lo puedo ver ahora desde mi privilegio absoluto, pero es cierto que entenderme ha sido algo dificilísimo de lo que a veces me olvido. Las respuestas tragándose las preguntas.

Luchar por las palabras es importante. Las palabras pretenden guardar las cosas. Tenerlas encerradas dentro. Y escribir puede ser agitarlas. Intentar abrirlas. Tirar y tirar. Escribir una y otra vez sobre lo mismo, para mí, es esforzarme por no quedarme quieta, por no conformarme con unas definiciones que quiero poder armar yo misma, por interrogarme para comprender qué es ser yo misma y por ajustar el lenguaje a lo complejo de lo que resistió. Resistimos al silencio con morreos y fiestas de pijamas. Resistimos buscando películas piratas a solas, escondidas. Resistimos, y nos avergüenza, haciéndonos *catfish* mutuamente. Resistió R., castigada y acosada. Resistió lo que habría podido expandirse y estar tranquilo si las palabras se hubieran comportado, si el ruido no nos hubiera clavado sus cuchillitos, si tanto hubiera sido diferente.

Era o el silencio o el ruido, pero puede haber terceras cosas.

* * *

(9) La clase no es un spa, qué cosquilleríos son esos, fuera fuera fuera FUERA FUERA FUERA FUERA FUERA FUERAAAAAAAAAAA-AAAAAAAA.

* * *

(10) Ajajaj tu q te crees q nosotras somos 1s tortilleras como R. o q??......... fos xD

* * *

Si nos obsesionan emocionan aprisionan las estéticas del silencio es porque las reconocemos, porque nos duelen, porque nos maravilla poder comprender, ya por fin desde aquí, todo lo que resistía y se abría camino, y también todo lo que se perdió. No es porque sean más estimulantes. Ni porque buscar nuestras propias palabras, intentar la tercera cosa, nos haya roto nada. Puedo escribir obsesivamente sobre adolescentes de pueblo que se quieren y se odian y se besan y se pelean y se defienden y se delatan porque lo hago desde la comodidad de haber salido de ello. Puedo quejarme de que las palabras no lo contienen todo porque han podido contenerme algunas palabras. Puedo celebrar lo que quedó intacto porque quedó intacto: puedo convertir el cuarto de ventanas cerradas de mi mejor amiga en mi utopía sáfica porque ahora, y no entonces, puedo cumplirla. A lo que quiero llegar: qué bien que las respuestas se traguen las preguntas, pues gracias a eso podemos rescatar las preguntas y hacer algo con ellas.

* * *

(11) Tres amigas que se quieren. Están todas un poco obsesionadas con todas: cuando a una le sale sangre, las otras le lamen la herida. ¿Qué más da? Se acarician las manos mientras ven películas. Fluyen por lo que sienten como Cola-Cao frío por una cañita de las de rayitas rojas. Se reconocen y se ven y, si por lo que sea se sienten obligadas a aplicarse palabras y explicarse, seguramente lo harán sabiendo que primero van las amigas y luego el lenguaje. Que el lenguaje debe sudar de esfuerzo si quiere definir de verdad lo que ha sido definido por cómo es y no por cómo se llama. Que nadie más lo va a entender y, por lo tanto, hay que inventar, rebuscar, para no herir. Para no traicionar. Que, amigas, este cuarto es un mundo privado nuestro que hemos tenido que construirnos intentando que no entren las contaminaciones de fuera, y entonces ¿cómo relatar fuera lo que aquí sucede si fuera ni siquiera puede suceder? ¿Cómo hacerlo sin alterar el orden de lo que fuera se da por supuesto? Amigas, quizás destrozando. Siguiendo con nuestra chupadera de

M&Ms donde no se debe, cuando no se debe y porque no se debe. Confesándonos que es por la lengua y la piel, pero dándole los significados que se nos antoje darle. Haciendo un ruido contrario, diferente. Chillando.

* * *

Me he pasado casi toda la década (¿tan poco?) que llevo no siendo adolescente buscando miradas como las de mis amigas del instituto. Vínculos así, difusos y, por ello, o eso he creído siempre, más libres. Por lo menos no ceñidos a lo que las palabras «amiga» y «novia» contienen, a los límites ¿filosóficos?, ¿prácticos?, que el ruido nos impone. ¿Vínculos en plan amor o en plan amistad? No sé si me ha importado en esas ocasiones. Muchas veces me he pillado a mí misma teniendo relaciones amistosas levemente tocadas por el deseo, o más bien abiertas a un tipo de intimidad, de importancia de la otra, que me ha generado conflicto en el orden de las palabras. Casi siempre he acabado recortándole los bordes a una especie de tercera cosa que era mejor dejar quietita y a su rollo, que era mejor no obligarse a definir, pero es que un día se sale de ese cuarto lleno de pósteres de Bill Kaulitz de la mejor amiga para no volver a entrar en él jamás.

Las consecuencias de esos ¿enamoramientos?: culpa, vergüenza, confusión, silencio y más silencio, sentirme fallida en los vínculos igual que me siento fallida en la escritura porque no sé escaparme de mi universo de falsas vampiras jediondas codependientes. Fracaso, también, de los intentos, porque, aunque dos personas quieran algo, aunque dos personas se sientan flotar livianamente en lo que han tejido juntas, la necesidad de establecer acuerdos y de poner nombres y de afrontar consecuencias y de vivir entre el ruido se acaba imponiendo. La tensión de una pregunta: puede existir por sí misma, pero está hecha para buscar respuestas. Es incómodo no encontrarlas, pero también lo es no buscarlas. Sobrevivir a las consecuencias

dolorosas de lo hermoso. Yo no sé si estoy preparada.

Al final, me consuela (respuestas consoladoras:
¿me quedaré atrapada en ellas?) pensar que las
terceras cosas no son en sí terceras cosas, sino
cosas que se escapan de la oposición. Silencio
o ruido y, fuera de esa rigidez, un montón de
opciones que tienen que ver con abandonar
esa lógica, con hacerlo de otra manera, con intentarlo mejor. Con todos los matices que puede tener esto. Aprender de lo que aprendimos
en lugares en los que dejamos de pensar.

* * *

Igual no escribo una y otra vez exactamente
sobre lo que viví en la adolescencia, quizá intento comprender esa especie de utopía, esa
especie de forma de amar y de vivir y su mejor
encaje conmigo, que empezó a gestarse en mí
entonces, a los quince. Igual las terceras cosas
tienen que ver con imaginar. Imaginar todo lo
que habríamos sido y todo lo que podríamos

ser. Imaginarlo desde lo que fuimos y desde lo que se nos permite encarnar y mirar ahora, desde lo que resistimos y lo que nos queda por resistir, desde lo que nos ha erizado todos toditos los pelos de los brazos y lo que querríamos saber si nos los erizaría o algo.

* * *

El órgano responsable de escoger lo que vamos a escribir se llama deseo. O al menos así lo llamo yo. Deseo porque no se conforma y quiere y quiere y quiere y reclama sin parar y se muere por lo que nos habla en un idioma visceral incomprensible y a la vez ineludible, indudable. No le gusta lo estático, no le gusta lo resuelto, no le gusta lo cómodo, no le gusta lo apaciblemente feliz. No le gusta lo que le gusta a la vida ni lo que hace sentir bien a todo el cuerpo de alrededor suyo, pero gracias a esas tranquilidades puede trabajar y pellizcarnos. Y, gracias a que trabaja y pellizca, no nos acomodamos en una tranquilidad que a veces se empeña en separarnos de las preguntas fundamentales que nos han gestado. Es una paradoja preciosa, circular como una lengua presumiendo de que sabe doblarse, y, como la lengua, tiene un pequeño escape, una pequeña puerta: entender por qué nos fascinan las cosas y qué nos hace falta de esas fascinaciones.

En mi caso, formas de amar que se salgan de una dicotomía que siempre me ha hecho sentir encerrada en mi propio escándalo ante ciertos impulsos hacia les otres, ante ciertas curiosidades y apegos. La desjerarquización del amor romántico como única vinculación transformadora y el desmantelamiento de una ideología monógama que nos corrompe la intimidad con las amigas. La constitución de una intimidad libre, protectora, nuestra, no demasiado mordida por las creencias arraigadísimas en todes nosotres de lo que debe ser una pareja, con mi novia. El rebuscamiento en las definiciones para que se adapten ellas a las cosas, no las cosas a ellas. El disfrute de la amabilidad de la duda, que siempre nos acoge con sus manos suaves y nosotres queriendo salirnos de ella y queriéndolo todo estático, pero resulta que eso no es más que el razonamiento patriarcal rancio de siempre.

Como decía: las terceras cosas son infinitas y pueden ir transformándose poco a poco, si las preguntas han sido inventadas para encontrar respuestas nosotres podemos jugar con las respuestas, escribir sobre lo que intenta no ser dicho es maravilloso porque jamás lograremos decirlo. Y eso nos permitirá mirar, saber, comprender, disfrutar, llorar, masticar, hablar, hablar, hablar. No hacer ruido, no participar del ruido, sino hablar de verdad: las cosas antes que las palabras.

El órgano que decide lo que se escribe, ese deseo tan fuerte, no pide porque sí: lo que nos obsesiona es digno de contarse, nuestros universos son enormísimos.

GIRAR LA RUEDA DEL TIEMPO HASTA
LLEGAR AL MOMENTO EXACTO
DONDE LA PALABRA RESILIENCIA NO
EXISTE, MI MADRE ES FELIZ BAJO
LA SOMBRA DE UN COCOTERO, YO
NO SIENTO DEMASIADO Y TODAS
LAS VIDAS NEGRAS SON SAGRADAS

Rioko Fotabon

RIOKO FOTABON *(elle) es docente, poeta, artista e investigadore. Hije africane de la diáspora, cree en las pedagogías de esperanza radical y en el poder de la acción colectiva como formas de construir mundos más lindos en el presente. Lleva tiempo organizándose en activismos de base por la dignidad y la sobrevivencia de las comunidades racializadas en un sistema que implanta la crueldad como norma. Considera su mera existencia, y la de todas las personas negras trans, magia ancestral. Desde sus experiencias-saberes encarnados y aprendidos propone paradigmas y cuestionamientos que abracen la liberación.*

girar la rueda del tiempo hasta
llegar al momento exacto donde
la palabra resiliencia no existe, mi
madre es feliz bajo la sombra de un
cocotero, yo no siento demasiado y
todas las vidas negras son sagradas

RIOKO FOTABON

---

adrienne maree brown dice en *Emergent Strategy*: «nos estamos dando cuenta que debemos volvernos los sistemas que necesitamos: ni los gobiernos, ni los partidos políticos nos van a cuidar, necesitamos recordar cómo cuidarnos entre nosotres. Y eso llevará tiempo, y compromiso, la voluntad de salir del confort actual y acercarnos a lo desconocido, juntes. Escucharnos entre todas las divisiones reales y percibidas»,[1] y estoy de acuerdo, últimamente

---

1 brown, adrienne maree (2017), *Emergent Strategy: Shaping Change, Changing Worlds*, Edimburgo y Chico, Ak Press.

me permito ser tode pregunta, poca respuesta. el esencialismo de las identidades nos ha llevado a los perversos lugares que habitamos, espacios que han construido cajas rígidas de nuevo pero esta vez en los márgenes. cajas que nos dicen cómo está bien ser en este espacio periférico, ese no lugar que hace tiempo fue abandonado por cualquier gobierno, partido político o empresa.

cuando tenía trece años y empecé el instituto había solo un negro más. fui a matricularme y él estaba en la puerta, sus «amigos» –comillas gigantescas– se rieron mientras comentaban «mira, mira, ha llegado tu novia». y qué más habría querido yo que ser novie del otro único chico negro del instituto, me imagino cómo habría llenado de brillo y purpurina mi espíritu y me habría hecho sentir que teníamos una armadura compartida, que no estaba sole contra todo aquello. pero, para sorpresa de nadie, ese chico negro nunca me habló, nunca supe su nombre, dudo que lo supieran tampoco sus «amigos» que le llamaban «el negro». él logró integrarse, yo quedé en ese margen/no lugar, donde la humillación y el rechazo son más obvios (aunque no signifique que no existan también cuando habitas el interior de la casa).

dos años más tarde fui a un nuevo instituto donde había cuatro personas negras –paréntesis: no se imaginan les blanques el ejercicio de memoria/trauma/felicidad que supone recordar a cada una de las personas negras que han pasado por tu vida–. en este instituto no dejé que otres definieran mi camino, con paso firme, con memoria larga, me acerqué a una niña en el patio y le dije: «¡hola, yo también soy negre! ¿quieres que seamos amigues?», y este fue el inicio de uno de los vínculos más bellos que he tenido. Pilar fue como tomar el sol después de dieciséis años de lluvia y cielo nublado. Pilar me enseñó qué significa la solidaridad racial, aunque en ese momento ningune de les dos entendíamos la palabra, pero tampoco hacía falta porque las acciones son mucho más centrales que el nombramiento. yo siempre estuve orgullose de esta piel oscura y este pelo abultado, aunque nadie me lo hubiera enseñado. una vez leí en IG: «venimos de hogares en llamas, el amor es posible, incluso para nosotres», no supe cuánto me ardía la piel hasta que otra persona negra me abrió la puerta de su casa y las líneas de ambas se difuminaron, hasta que enfrentamos de la mano todo lo que hasta ese momento yo pensaba que siempre sufriría sole. Pilar trascendió a ser ancestra, pero sus enseñanzas siempre vivirán en mi pecho.

después de mi primer amor negro ya no quise más nada, la perfección de esa amistad y la violencia que siempre vino con la blanquitud –desde la puerta cerrada con mi padre, pasando por la calle y la escuela– me hicieron pensar que unirme con otra gente negra sería mi salvación, mi sanación. como dijo el poeta Nicolás Guillén: «sin conocernos nos reconocemos en los ojos cargados de sueños».[2] aún pienso que es así, que soñar juntes otros mundos nos salva,

_____

2 Guillén, Nicolás (1978), *Obra poética, 1920-1972* (Vol. 1), Guadalajara, Universidad de Guadalajara.

solo que no lo creo tan sencillo, ni tan único, ni tan tajante. el *cistema* se cuela en nuestros movimientos, en nuestros besos, en nuestros pensares, no podía ser de otra forma. hablamos de interseccionalidad, pero habitarla es bien bien difícil. diría que es caerse, hacernos daño, tejer, remendar e intentar de nuevo muchísimas más veces de las que puedo contar en un solo libro. pero no estamos acostumbrades a eso, vivimos en la era de la desechabilidad. hablamos de ternura, pero nos cancelamos bien rapidito y se nos llena la boca de comunidad, pero cuando tenemos problemas reales el veneno individualista del capitalismo racial se asienta en nuestros cuerpos y no lo sabemos escupir pa'fuera.

entonces pasa que une es negre, nb, no hetero, neurodivergente y enferme crónique y las relaciones son extremadamente complejas (soy muchas más cosas, no me dejen autoencerrarme en las políticas de la identidad en un texto que las critica). lo que estoy intentando decir es que, a veces, no es tanto con quién nos relacionamos sino más bien cómo lo hacemos o cómo se nos permite hacerlo. cuando decimos que las vidas negras importan es primeramente refiriéndonos a lo más obvio: poder conservarla, estar en este plano del mundo, que no se nos arrebate la posibilidad de respirar. pero también es mucho más, es tener acceso a una vida que merezca ser vivida, ser queridos y cuidades, rodearnos de gente que corte tajantemente con la deshumanización que venimos cargando hace siglos. es extremadamente difícil, más si le añades el factor de no ser hetero ni cis.

condeno el discurso racista horrendo del no desarrollo de áfrica o de señalar, sin tener en cuentas las raíces coloniales, que no se respetan los derechos humanos de la gente queer allá. con todo, es una realidad que nuestras comunidades tienen heridas históricas que reproducen la idea de que el mariconeo, lo bollo y lo travesti «no es africano». nada más lejos de la realidad, bien sabemos que precolonialmente éramos expansión relacional, de género, deidades fuera del binarismo, etc. desde Kemet, o lo que llamarían el antiguo egipto, que fue la primera civilización del mundo, ha habido una concepción de las deidades muy distintas entre áfrica y occidente. por las luces abrumadoras de la blanquitud, la historia africana en general ha quedado al fondo del fondo de una pila de papeles de un cajón que ni se sabe en qué mueble de qué casa está. los papeles no dejan espacio para el recuerdo, pero esos saberes son reconocidos por nuestros cuerpos, aunque no se nos hayan contado. el binarismo europeo se aplica a la espiritualidad, hombre vs. tierra, humanos vs. deidades, deidades del panteón griego que castigan, que disciplinan, que están lejos, pero preparades para enviar catástrofes en cuanto sea necesario. y en estas otras historias africanas, bien antiguas, que siguen residiendo en nuestro ser, les dioses no están en oposición a la humanidad. les dioses son la tierra, la tierra son les dioses, son los soles, las lunas, las vacas, las águilas y nosotres como parte de todo ello contenemos divinidad. no somos contrarios, no estamos separades, somos un continuo. tiene mucho sentido, ¿cómo si no explicar nuestra (re)existencia histórica y presente? somos el resultado de una naturaleza y unas deidades que nos quieren aquí, que nos necesitan presentes. cada cuerpo negro es un milagro necesario, tanto como el agua, tanto como el fuego o como las gaviotas que veo al pasear por la playa, las rocas o los mangos y las papayas.

yo nunca tuve cosa con salir de un armario, siempre habité la fluidez en el deseo. en esta ansia de escape de una infancia tan dolorosa, me encerré en relaciones monógamas con tipos negros donde hacíamos lo que podíamos para querernos como nos habían enseñado nuestras familias. y aunque está muy lejos de mis formas relacionales actuales, las recuerdo con cariño, como algo que incluso me salvó. y después los tipos cis me dejaron de mover tanto –aunque une nunca sabe– porque me llamó ese queséyo de los márgenes de los que hablaba antes, de lo bollo, de lo trans, de cosas que se hacían desde un sitio menos predecible. fue con gente racializada en su mayoría, porque ya lo han dicho muchos colectivos, bebé, «lo queer no te quita lo racista». esta frase no es solo un grito político en una manifestación (gracias gente bella organizada). que la gente blanca queer sea racista limita nuestras posibilidades de vida, porque nos expulsa de espacios y colectivos, nos arroja a la soledad cuando vivimos en lugares pequeños donde no hay gente que se parezca a nosotres y esté out, nos crea un sentimiento de angustia y dolor que esos mismos espacios, o personas en vínculos, nunca nos reparan. por otro lado, y desafortunadamente al mismo tiempo, hermanes racializades: hay que mirarse las violencias que reproducimos en las personas cuir y que, me siento pesade diciéndolo otra vez, nos abandonan.

dijo Esther Mayoko que «las negras siempre fuimos queer»,[3] que la heterosexualidad se

---

3 Ortega Arjonilla, Esther (Mayoko), «Las Negras siempre fuimos Queer», en Fefa Vila Núñez y Javier Sáez del

sigue colocando en el centro del proyecto civi-
lizatorio colonial y, al mismo tiempo, los movimientos queer se blanquean, incluso si sus
impulsoras fueron personas trans racializadas,
trabajadoras sexuales, negando de nuevo la
importancia de la negritud. al mismo tiempo, Esther Mayoko nos invita a preguntarnos
«¿cómo dar cuenta de nuestras historias cuando nos han negado el nombre, el recuerdo, el
cuerpo en el territorio o el archivo? ¿Cómo dar
cuenta de nuestras historias cuando nos han
negado la humanidad misma?». así es, las negras siempre fuimos queer, porque nunca fuimos personas, porque la humanidad es blanca.
conecto la no humanidad con concebirme fuera del binarismo. los cuadros de castas dicen
que la mezcla de un español y una negra es
una mulata, ¿existe cosa más «no binaria»? no
me refiero a la categorización forzosa, tampoco al imaginario hippie de que todos somos

Álamo (eds., 2019), *El libro de buen Vmor: Sexualidades raras y políticas extrañas*, Madrid, Ayuntamiento de Madrid, pp. 222-229.

personas, todo lo contrario, me refiero a no ser persona; o por lo menos no solo persona. los espíritus bubis viven en las cuevas, nunca estuve en una, pero me soñé muchas veces. madre dice que cuando nació, abuela le dijo que tenía unos poderes de conexión con les ancestres, con les muertes. también le dijo que eso era algo que no debía perseguir, es una cosa de yuyú fuera del cristianismo tan propio de guinea ecuatorial. desde que soy peque tengo experiencias que occidente llama «parálisis del sueño», en todas ellas hay seres presentes, que se mueven por mi habitación, como sombras que me tocan, me susurran, me describen caminos y se meten dentro de mi cuerpo. al despertarme siempre hay un elemento de miedo, pero también de claridad. durante los días posteriores me siento más fuera y más dentro de mí que el resto del tiempo. nunca he hablado de esto con madre, ella tampoco suele hablar conmigo de sus experiencias similares. qué sé yo, nombrarme no binarie a veces se siente agresivo e impuesto, más me gustaría nombrarme continuum-continuo. no hablo solo del género, hablo de esta profunda no creencia en la pureza, de la conexión con planos que están más allá de este.

el fenómeno que podemos llamar deshumanización lo vemos a diario en formas trágicas y asesinas como la europa fortaleza y otras más «sutiles» (para quienes no las sufren) como el acceso a la vivienda, el escrutinio constante de nuestras identidades, el fracaso escolar y, ¿por qué no decirlo?, la posibilidad de gozar en el amor. los hombres negros cishetero también se salen del esquema de humanidad y son señalados y percibidos como auténticos horrores, de ahí que nos unamos en la lucha. igualmente, algunas figuras que entran en el parámetro de la respetabilidad, que son negros aceptables y no desviados, se han vuelto la cara de todo un movimiento y han creado historias únicas de qué es ser negro o qué estamos peleando. yo siempre respetaré y respeto a cualquiera que ponga el cuerpo en este hostil mundo para lograr mejoras, pero amaría que pudiéramos caminar la lucha teniendo la siguiente cita de Lohana Berkins en mente: «nuestro deseo no es alcanzar la respetabilidad, sino demoler las jerarquías que ordenan a las identidades, y a las y los sujetos, reconociéndonos negras, putas, palestinas, revolucionarias, indígenas, gordas, presas, drogonas, exhibicionistas, piqueteras, villeras, lesbianas, mujeres y travas que, aunque no tengamos la capacidad de parir un hijo, sí tenemos el coraje necesario para engendrar otra historia», porque en la comunidad negra somos todo eso, y si algunes de nosotres no lo somos, debemos hacer el ejercicio de abrazar a quienes sí lo son.

la verdad es que yo no siento que tenga nada en común con la mayoría de personas que se mueven en espacios nombrados bi-bollo. o sea, sí, disidimos de la heterosexualidad, eso es muchísimo. igualmente, la mayoría de veces, yo disido de la blanquitud (radicalmente) y elles no. además, para añadir capas a este texto que ya no estoy muy segure de qué va, soy autista y eso hace que navegue de una forma muy particular el mundo. NECESITO decir las cosas y no tengo reparo en hacerlo. he aprendido a hacerlo desde el cuidado, pero nunca desde la neutralidad, porque no existe, y sí desde la radicalidad, porque la encuentro esencial en una sociedad movida por la tibieza y las apariencias. la mayoría de las veces que me han invitado a eventos en espacios bi-bollo –okupas y rollos por el estilo– ha acabado con una disculpa o un comunicado larguísimo reconociendo que son unes blanques racistas y que se están deconstruyendo. cualquiera pensaría que veinte veces después une se acostumbra, pero no. quizás esto es ingenuo, pero me niego a abandonar la esperanza radical y caer en el pesimismo de que siempre va a ir mal. estos espacios también deberían ser nuestros, pero por cómo se estructuran las cosas, la brecha del racismo hace que sea mucho más complejo organizarnos, que no tengamos acceso a edificios cedidos o que las relaciones con gente blanca sean tan complejas que acabemos yéndonos. un comunicado o disculpa nunca sanó a nadie, es un acto público de fragilidad que deja a la persona afectada tirada y en el punto de mira. de hecho, diría que es incluso peor porque no hay una reparación directa, solo un mensaje para con el mundo pidiendo comprensión y la no cancelación. yo solo quiero poder ir a una fiesta y bailar, darme cuatro besos con alguien linde o estar tranquile sin que me toquen el pelo, me exoticen o verme siendo la única persona negra (otra vez). ir a una asamblea y no verme siendo la única persona negra (otra vez). si no estamos no es porque no queramos ir, es porque los lugares no son concebidos para nosotres. como bebé de la diáspora no hay nada que ansíe más que comunidad, pero no a cualquier precio. me niego a compartir existencia con gente que no se organiza para que la ley trans se extienda a les hermanes sin papeles o que no hacen absolutamente nada con su privilegio blanco. se puede disidir de la blanquitud siendo blanque, implica pérdida.

esa pérdida nunca será comparable a lo que pasamos quienes nunca hemos tenido la calma de habitarla.

pero hablemos de amor que es el tema que nos ocupa, aunque todo lo que han leído hasta ahora también tiene que ver con ello. cuando empecé a relacionarme fuera de la heteronorma, descubrí cosas mucho más mágicas de lo que habría podido soñar. y bien intensas, como a mí me gusta. recuerdo este «poema» de cuando era une baby cuir y tuve mi primer amor afrocentrado bollero:

> me escapo de tu ilusión
> donde piensas que puedes tocarme
> mi pelo es de tu propiedad
> mi culo en movimiento
> mis ojos
> mis labios
> existen para tu diversión
> ya no normalizo tu intrusión en este
> barrio que siempre fue negro

no dejaré que me posiciones en el puesto más bajo
de tu proyecto inclusivo poliamoroso

ahora el cuerpo de esta reina
y el mío
forman el malungaje más bello
nuestro deseo no se formula en base a
tus leyes
que nos tachan de perversas, degenera-
das y salvajes
y al mismo tiempo
gozamos de serlo
nuestro éxtasis está fuera de tu mirada
nuestra libertad fusionándose
al ritmo de caricias y gemidos
son la más bella revolución

todavía me remuevo pensando en estos amores y en las formas en que me han cuidado,
pero también soy consciente de lo jodido
que es relacionarse cuando venimos del trauma y habitamos un mundo retraumatizante.

viviendo violencias tan constantes es casi imposible no reproducirlas entre nosotres. incluso si escuchamos día sí y día también palabras que nos hacen pensar que es más sencillo de lo que realmente es. me cuesta no sentirlas como intentos de ordenar el amor desde la blanquitud: anarquía relacional, responsabilidad afectiva, poliamor, metamor, vínculo. entiendo por qué, pero a veces me rebasa que la corrección política se cuele en mi cama y en mis cariñitos. no puedo calendarizar con quién me relaciono, no sé sentir a ratos, tengo miedo del abandono, y eso no va a cambiar.

hace tiempo escribí un poema con iki yos piña sobre las no monogamias que se llamaba «Poliodio». este poema ha mutado mucho, yo he crecido con él y ahora es totalmente distinto. pero algo en él nunca cambia, repite en cada verso que no puedo aspirar a la idea de lo «sano» o la correcta medida en el amor, no creo que la mayoría de nosotres podamos. sentir no es teórico y estaría lindo dejar de actuar como si lo fuese. una de mis líneas en ese poema decía «en un mundo donde las relaciones son tan perecederas como una story de IG, yo quiero ser eterne». es verdad, el amor romántico es una basura, pero también lo es vivir la vida con el pecho frío y jugar a que no nos rompemos una y otra vez cuando intentamos querernos. nos debemos compasión.

El poliamor consiste en amar a varias personas a la vez, de forma consensuada, consciente y ética. El amor no tiene que estar restringido, porque si quieres a alguien deseas lo mejor para esa persona y eso incluye poder ampliar su vida amorosa y sentimental. La única condición es el amor entre las personas y la aceptación de la relación por parte de todas ellas.[4]

hace tiempo abandoné la ilusión de
considerarme persona

---

4 Vasallo, Brigitte (2013), «Romper la monogamia como apuesta política», en *Pikara Magazine*, https://www.pikaramagazine.com/2013/03/romper-la-monogamia-como-apuesta-politica/ (28.12.2024)

y me conformé con negre
me conformé con trans
me conformé con sobreviviente
con no estar muerte

he sido heche pedazos,
he pasado por un desmembramiento
y ahora lo deseo TODO
porque la nada es lo único que conozco
manos ásperas: ajenas
miradas sospechosas: ajenas
repudio: ajeno
punzadas en el pecho propio
¿cómo se consensúa el abandono?
¿cómo se silencia el grito del estruendo
interior?

*Podríamos entender las relaciones amorosas,
afectivas y/o sexuales, partiendo de esta idea:
el amor ni empieza ni acaba obligatoriamente
en el dúo, sino que puede tener otras formas;
crear, en lugar de estructuras cerradas, "polí-
culas", "núcleos afectivos", como propone
la (h)artivista Marian Pessah, que se puedan*

relacionar entre ellos, que se alimenten, que compartan espacio. Crear rizomas, campos de patatas interconectadas entre sí. El amor no es la patata: una patata por sí sola no es más que un pobre tubérculo.[5]

no quiero que el amor empiece
no quiero que el amor acabe
no quiero que se interconecte
solo quiero que mamá no esté lejos
conocer el olor de mi tierra
no conformarme con DIÁSPORA
que mi padre deshaga todas sus acciones
y sus manos se disuelvan en el ácido de
mi piel
que el día 7 de noviembre de 1995
no nazca un signo de interrogación
gritando ante la violencia del mundo
exterior

---

5 Vasallo, Brigitte (2013), «Romper la monogamia como apuesta política», en *Pikara Magazine*, https://www.pikaramagazine.com/2013/03/romper-la-monogamia-como-apuesta-politica/ (28.12.2024).

que cuando salga a la calle no me sienta
extranjere
que ningún médico pueda darme un
diagnóstico
dejarme una cerilla en cada una de las
consultas que he pisado
mientras este cuerpo gordo corre ahogado para no arder
y el hospital se calcina

no quiero que el amor empiece
no quiero que el amor acabe
solo interconectar
mis pesadillas con tus besos
mis dolores con lo crónico de este amor
mi libertad con el fin de la supremacía
blanca, del abuso, del dolor
y entonces poder respirar
y respirar
y respirar
y que toda la gente negra respire
y que nadie diga *I can't breath*

y besar follar bailar
y que tú hagas lo mismo
conmigo y con quien quieras

besar follar bailar
sin recordar que soy tode herida

adrienne maree brown de nuevo: «la transformación no pasa de forma lineal, por lo menos no de manera que podamos medir. pasa en círculos, convergencias, explosiones. si dejamos ir el imaginario del fracaso, podemos darnos cuenta de que estamos en círculos itinerantes, seguir preguntándonos a nosotres mismes: ¿cómo aprendo de esto?»:[6] hoy en día me nombro tajantemente desde el fracaso y el rechazo de los imaginarios blanqueados de amores queer y no monógamos y, desde ahí, tejeré(mos).

---

6 brown, adrienne maree (2017), op. cit.

LAS VECES QUE LAMO TU AXILA

Paula Villanueva

PAULA VILLANUEVA *(Bilbao, 1997) es filóloga, investigadora y trabaja como docente. Le obsesiona la literatura testimonial y, en especial, las literaturas feministas, queer y sáficas. Tras varias mudanzas, el máster de estudios LGBTIQ+ la llevó a Madrid, donde reside actualmente. Es autora de la investigación* La transgresión del cristianismo a través del erotismo lésbico en la poesía de Cristina Peri Rossi *(Egales, 2023) y del ensayo* El círculo sáfico. Lesbianismo y bisexualidad en el Madrid de principios del siglo XX *(Levanta Fuego, 2024).*

Las veces que lamo tu axila

Paula Villanueva

Mi abuela iba en bicicleta al pueblo de al lado desde que era muy pequeña. No perdió la costumbre con el paso de los años. No era habitual que las mujeres aprendiesen a montar en bici en su familia. Por eso ella lo llevaba con gran orgullo. Cuando era todo pellejo lo seguía haciendo. De pronto sus músculos parecían asomar de lugares ocultos. Pura fibra y ardor. Yo la veía y me brillaban los ojos, quería ir con ella, que me propulsase con sus piernas fuertes, con su energía inagotable. Mi abuelo la odiaba. Me costó años utilizar ese verbo, pero es que lo suyo nunca fue un carácter hosco, era rabia y repulsión. Nunca perdía la oportunidad de castigarla. Días sin dirigirle la palabra, muecas de asco ante el plato de comida, calzoncillos sucios en el suelo y el reproche de que no hacía bien su trabajo. Su trabajo. Fuera *cual fuese este en su mente tirana, siempre a medio realizar. Mi abuelo también me despreciaba a mí, veía en mi cuerpo lo que quería haber visto en el de mi padre. Él no era tan vigoroso, ni tan capaz. Yo cometía la osadía indigna de serlo, lo que es peor, de ser su nieta.*

Te admiro y escucho, pero de verdad, eh. ¿Sabes a lo que me refiero? Oigo las palabras que salen de tu boca, veo tus labios moverse, salpicarse de saliva y dientes que rozan la lengua, la piel. Entiendo el sufrimiento que tu cuerpo duro encierra, que me cuenta las mismas historias una y otra vez porque no puede no hacerlo, no puedes no contar. Se te enquista, te duelen las historias familiares, esa saga en la que te has visto inscrita sin previo aviso. No te han dejado contarlo, porque de esas cosas no se puede hablar. Porque así eran las vidas y nadie se quejaba. ¿Nadie se quejaba? Exhalas un chillido ahogado. Y ahora que yo te escucho me miras con ojos de cervatillo, incrédula. Eres todo ojos, grandes y tiernos. Aparente mansedumbre, después, fiereza. Rabia hacia tu abuelo, rabia por haber querido protegerla de él y más rabia aún por no haber podido, por haber sido una niña que también sembraba el caos en tu hogar. Representabas tantas cosas que temían… eras la amenaza del futuro. Una niña repleta de energía, dispuesta para la pelea, encantada de ponerle un puntito en la boca a cualquier adulto que se creyera con razón solo por derecho de antigüedad. Recuerdo cuando me contaste una de tus primeras peleas de instituto. Te metiste en ella por defender a una chica trans que, por entonces, cargaba con su identidad como con una gran losa. Ninguna de las dos entendíais especialmente qué era lo que os pasaba, más bien, qué les pasaba a los demás con vosotras; una era un mariconazo a ojos del resto, otra una marimacho. Ese día le metiste un puñetazo a un chaval que años después frecuentaría Hogar Social Madrid. El amigo que fue a socorrerle y que os miró con las pupilas dilatadas por la rabia, con el tiempo, intentó dárselas de aliado feminista en la asamblea vecinal del barrio, que cada vez estaba tomando más fuerza, apuntando

a conformarse como un sindicato bien orga-
nizado. Era el mismo chico que estuvo años
persiguiéndoos a ambas en los recreos, insul-
tándoos, extendiendo bulos repugnantes y
profundamente violentos en los que os presentaba como dos depravadas, como dos depredadoras monstruosas. Cuando te enteraste de
que le expulsaron de la organización por varias acusaciones de agresión sexual, suspiras-
te y me dijiste que era terrible que no hubiese
aprendido nada.

Mi historia es diferente. También incluye dolores, claro está. Está llena de límites difusos,
de formas blandas. Empezando por mí. Una
forma blanda que ha podido ser animal, brava
y bestia, pero que se desborda en un cuerpo
del que no puede escapar, en una carne que
parece mantequilla en la que es fácil hundir
los pulgares. Siempre he temido la visibilidad
de estar en el punto de mira. ¿Por qué tus manos firmes quieren tocar mis muslos grandes
que se derriten entre tus dedos? ¿Por qué los
músculos de tus brazos, que se muestran con

esplendor, quieren rebozarse en mi abdomen hinchado y mullido?

Es un intercambio. Yo también te cuento.

Mis abuelos me decían que bebía mucha agua, que eso no era bueno. En las comidas en su casa, en la fracción de tiempo ofrecida por una jornada partida, me racionaban el agua. Yo cogía pataletas que vivía en silencio. La procesión va por dentro, al menos, eso me han dicho siempre. En casa de mis abuelos no me sentía libre para el enfado, me daba vergüenza. Bebía algún vaso de agua a escondidas y, al final, no decía nada más. Se lo conté a mis padres en un par de ocasiones, se sorprendieron y hablaron con mis abuelos. Pero nadie me calmó la sed. Agua que desborda, que hincha el estómago mientras comes. Te vas a hacer demasiado grande. Vas a rebasarlo todo.

Los rizos te caen por la frente, frunces el ceño y miras la pantalla de tu móvil. Estás muy concentrada. La tensión te llega a la mandíbula, aprietas la nada y la masticas. La tragas. Llamo tu atención porque he visto algo en Twitter que me ha hecho gracia y quiero compartirlo contigo. Alzas la mirada y tu expresión se relaja absolutamente. Sonríes tanto que parece que se te van a salir los dientes de la boca, se te escapa el aire y disfrutas conmigo unos segundos. Me besas en los labios y me llenas de ese sabor tuyo, salado y delicioso.

Mi cuerpo siempre me ha avergonzado. A veces hemos convivido mejor, yo en él, él siendo todo lo que yo pensaba que podía ofrecer al mundo. Otras veces la tortura ha sido mucho mayor. No solo odiarlo, sino creer fervientemente que siempre lo has odiado y que siempre lo odiarás. La creencia se expande como el fuel vertido en los mares, una mancha negra y viscosa que llega a la costa. La gordofobia tan extendida que tu propia mirada se contamina, que te asqueas a ti misma y no solo llegas a pensar que hay parcelas de la vida que no están hechas para ti, si no que cuando te llegan tampoco crees merecerlas. Solo el cuerpo delgado y voluptuoso

*merece amor y deseo. O eso nos han dicho in-
cesantemente. Qué bien funciona el sistema de
normalización corporal y sexual, tan bien que
se te mete muy dentro y te destroza viva. Muchos años de trabajo personal y comunitario,
de hablar, de compartir experiencias, de resig-
nificar el deseo. Y aún así hay tantas veces que
fugazmente aparece la idea ¿por qué te gusta
mi cuerpo gordo? ¿por qué?*

Cuando nos conocimos yo tenía clarísimo que
me gustaban las mujeres. Llevaba años dudan-
do de si me sentía más cómoda nombrándo-
me bisexual o lesbiana, pero lo que tenía muy
muy claro es que las mujeres despertaban en
mí todo lo que yo anhelaba a sentir. Te vi en
un bar y le pregunté a una amiga si te conocía.
¿Quién es? Eso no me lo podía responder ella,
pero aún así lo pregunté. Al final acabé acer-
cándome a ti. No sé qué te dije. Me guiaba un
fervor cálido, el alcohol desinhibiéndome. Me
miraste con curiosidad. Hablamos de alguna
tontería. La DJ ¿estaba pinchando bien? No
lo sé, me daba igual. El humo ¿eran fogonazos

demasiado intensos? Me permitían verte, así que bueno. Te pregunté si te gustaba el bingo musical o si conocías a la chica apoyada en la columna circular junto a la barra. *Sí, hombre, es una mítica de la Muestra de Cine Lésbico.* Me dijiste que bailabas como un padre, te dije que yo también. Cruzamos risas y miradas y fui a pedirnos dos cervezas. En el trayecto mi mente corrió en mil direcciones. Llevabas un *eyeliner* azul y las uñas pintadas de un color pastel, reflectantes bajo la luz negra. La corbata estampada, con el nudo algo corrido, dejando entrever el punto en el que tus clavículas parecían querer tocarse. Los aros, un poco transparentes, dejaban pasar los destellos de los neones. Me había parecido que olías a salitre, a sales de baño. Quería regresar inmediatamente y tener la oportunidad de comprobarlo, de olerte de verdad. De poner mi cara en el hueco detrás de tu oreja e inhalar. Te llevé la cerveza y me recibiste con emoción. Brindamos y nos sonreímos de vuelta. Acabamos besándonos con ferocidad y escabulléndonos al baño pegajoso y pintarrajeado del local. Besos agresivos por lo necesitado, por lo desesperado, por las ganas. Creo que te gusté desde el principio. Menos mal. Yo quería hacer lo que fuese para estar ahí contigo y sentí que tú también querías lo mismo.

Eres una marimacho. Juegas como un chico. Eres demasiado buena, no te queremos en el equipo. Espera, perdón. Tú. Sí. Tú. ¿Quieres jugar un partido con nosotros? Nos han dicho que eres una crack. Qué guay. Eres guay, sí. ¡Joder! ¡Cómo te pasas! ¡Qué bruta! No hace falta ponerse así ¿sabes? No hace falta que hagas nada. Mejor no juegues con nosotros. No hace falta que…

Lo butch siembra terror porque parece un acceso resignificado a lo masculino, un ocupar el espacio público desde la disidencia y la ruptura, abre demasiadas posibilidades. A mí siempre me ha atraído y fascinado. Incluso cuando era una cría que aún no podía ni sabía ponerle palabras a su deseo hacia las mujeres*. A ambas nos fascinan las parejas butch x butch. Jugar un poco, también, con lo que nos categoriza, qué aburrido si no. Una pizca de maquillaje que nos signifique más queer aún. Una falda elegida en vez de una falda impuesta. Parecerá baladí, insignificante, pero no lo es. Siempre te digo que odiaba los vestidos que mi madre trataba de ponerme año tras año, repletos de volantes. Me sentía disfrazada; un regalo para sus ojos, un castigo para mi cuerpo. Tú me hablas de *Oculto sendero* y de María Luisa, su protagonista, de su crisis nerviosa ante la imposibilidad de tener un disfraz de marinerito. Me entristece pensar que llevamos siglos sintiendo lo mismo, yo y otras tantas. Pero también pienso en lo importante que ha sido encontrarnos, encontrarte y seguir encontrándolas. Se me llena la boca de palabras inmensas y preciosas: butchona, lesbianota, bollera. Hubo un tiempo en el que las temía, ahora me abrazan y son mías. Yo soy suya también. Somos la misma causa.

No es un buen momento. No he tenido oportunidad de hablar con mi familia de estos temas ¿sabes? No les voy a llevar a casa a una amiga y que resulte que esa amiga es en realidad mi novia. O sea, ocultárselo, me parece un marrón. Además, mi padre no está muy bien de salud, no creo que le venga bien un disgusto. Que no digo que esto lo sea. Ni que tú lo seas. No he dicho eso. Joder, ya estás tergiversando mis palabras. Que no he dicho eso, coño. Venga, paso. Si es que da igual lo que te diga tú siempre te lo llevas a tu terreno, a las mierdas de siempre. Eres una pesada. ¿Pues por qué voy a estar contigo? Porque quiero ¿no? ¡Otra vez! Que no me avergüenzo de ti. Que no. No puedo no puedo no puedo. Igual sí que va a ser mejor que lo dejemos. ¿No ves que todo te parece un drama de la hostia?

Qué

más

da.

Se nos pegan las sábanas. En la cama hablamos de problemas familiares, de inseguridades oscuras, antiguas. Nos reímos para calmar algunas lágrimas inesperadas, que me secas con la yema de los dedos, que beso de tus mejillas líquidas. Hacemos *tuppers* de pasta y llenamos de agua fría botellas que no tardarán nada en calentarse. Le pasamos un selfie a un amigo, llenas de arena y crema solar que nos mantiene pegajosas en un pantano cerca de tu pueblo. Nos dice *qué monas, parecéis dos moscas mojadas* y nos parece lo más justo, la comparación más hermosa.

La última chica que me gustó antes de ti me volvía loca. En un buen y mal sentido. No sabía qué tenía que hacer para complacerla, no sabía cómo comunicarme con ella. ¡Yo! Con lo que me gusta hablar, cuesta creerlo ¿verdad? No sé, a veces es una mierda cuando te gusta tanto tanto alguien que tienes tanto tanto miedo a cagarla que no te atreves a pronunciar palabra. Míranos a nosotras, que no paramos de hablar y que es una de las cosas que

probablemente más nos gusten de nuestra re-
lación. Pues bueno, con ella me paralizaba. Vi-
vía en una duda constante, dispuesta a aceptar
migajas y aterrorizada ante la idea de pregun-
tar algo y que la respuesta fuese «no». Que la
alternativa fuese distancia, aunque de alguna
manera ya lo era.

Te estiras un poco para rascarte el brazo con
el que me rodeas. Estamos leyendo, abrazadas
en la cama. Yo me horrorizo con la escritura
de Carmen Maria Machado, qué bien lo hace
la tía. Tú lees *Yeguas exhaustas*. Me acomo-
do en el hueco que me abres. Me entregas tu
costado, tu axila. A veces meto la cara en ella,
la huelo, la lamo. Tú te ríes, me miras sorpren-
dida, cada vez menos, porque lo hago mucho,
pero siempre hay algo de sorpresa. Algo de
alegría pudorosa en esa acción repleta de palabras mudas *no me da asco nada de ti, pásame*
tu sudor por la cara, restriégamelo, por favor.
Otras veces esta misma acción te hace cosquillas, casi gimoteando me haces prometer que
pararé que no puedo volver a hacer eso. Yo,

poderosa, accedo. Te muerdo el antebrazo. Me das un beso. Te acaricio los pelos cortos y rizados de la nuca. Seguimos leyendo, entrelazadas.

Cuando la otra no te contesta al WhatsApp, a ti, que siempre dices que respetas los tiempos que sabes que hoy en día el trabajo los ritmos frenéticos nos engullen no nos dejan nada para hablar compartir querer con quienes no tenemos al lado, se te va la pinza por completo. Piensas que ya no le interesas, que tu conversación ya no tiene nada que ofrecer, que eres una pesada, que cuánto has escrito, que cuántos segundos-minutos de audio has grabado. Que qué te pasa en la cabeza. Que por qué eres así. Cuando tú le haces lo mismo a otra, para la que tú eres «la otra», no es tan grave ¿no? Vaya cretina. Tener un diálogo en apps de mensajería instantánea, uno en el que no te sientas diminuta, insegura de narices, estúpida perdida. Eso es lo que has querido desde hace años. No sentirte demasiado, que la otra no te sintiera demasiado. Ahora se te llena el pecho de saber que tenéis un lenguaje compartido, *una conversación equilibrada, de saber que el diálogo os pertenece. ¿Esto era posible? ¿Cuánto durará?*

Un hombre se para a mi lado en el paseo del Espolón de Burgos. Yo estoy leyendo *Ya casi no me acuerdo*. Estoy sentada en la baranda de piedra y forja, he levantado la vista al ver que un niño intentaba golpear a unas palomas con unas pequeñas piedras. Me estaba molestando verlo, que ese fuese su entretenimiento. Estaba a punto de levantarme y decirle algo, un *¿no crees, cariño, que les puedes hacer daño? Pobres palomas, no te han hecho nada.* Cuando este hombre diminuto y con olor a rancio se ha parado a escasos centímetros de mí. Huele a ropa lavada y cuerpo sucio. A naftalina, a armario cerrado. A grasa en el cuero cabelludo, sin apenas pelo. Es un anciano. Uno con ganas de hablar. Me pregunta por el libro que estoy leyendo, si soy de aquí. *Yo soy de Lerma, bueno, de un pueblo cercano, seguro que no lo conoces, guapa. Ahora vivo aquí con*

*mis hijos porque todos esos pueblos están va-
cíos. No queda na ni nadie.* Me debato inter-
namente entre darle conversación o ir dejando
morir las palabras hasta que se vea obligado a
marchar, para poder seguir con mi lectura. Él
no se da por vencido. *En la tele se ve mucha
mujer muerta ¿eh? Antes no había tanto de
esto.* Sí lo había, pero no se contaba. *Bueno,
bueno, es igual, ya me entiendes. A esos habría
que matarlos a todos, colgarlos del pescuezo
de un árbol a lo menos.* Sus piernas cortas se
menean con impaciencia, se apoya en una ca-
chava muy nueva y reluciente. Con la mano
libre hace aspavientos y señala a los tilos más
cercanos. *Que se maten ellos antes de matar
a nadie ¿no? Hay que elegir bien a la pareja, porque si no mira. Qué cosas horribles. Si
no te entiendes con alguien cada uno por su
camino y ya está.* Me doy cuenta de que da
igual que hable o no, lleva un rato haciendo
un soliloquio. Solo quiere alguien que parezca
que lo escucha. Está dispuesto a tocar todos
los palos, todos los temas de «actualidad» sin

intención de obtener respuesta. Hasta que de pronto. Me interpela. *Hay que elegir uno bueno, si no puerta. ¿Tú tienes pareja?* No.

El niño se ha ido y las palomas picotean despreocupadas el césped amarronado y lleno de calvas.

Cuando te lo cuento tú no te enfadas, no piensas que sea tan dramático no salir del armario siempre, con cada persona que se cruce en nuestro camino. Me dices que tenemos que priorizar nuestra seguridad e integridad, que no le debemos nada a nadie. Pero pasan los días y yo llevo la losa dentro. ¿Qué más me dará a mí? ¿Por qué me importa tanto no haberle dicho a ese viejo que sí, que tengo pareja, que es una mujer estupenda, brillante y que estoy segura de haber elegido *bien*?

Me gustan las mujeres situadas en la vida, que solo encuentran cobijo en un regazo gemelar, conocedor del dolor, piadoso con las violencias ajenas. Me gusta que tú seas así. Te miro mientras das la clase online por el quicio de la puerta, tu voz es firme, clara, dura. Cuánto me atrae. Cuánto me fascina escucharte. En cierto momento interviene una alumna, sonido metálico saliendo de tu ordenador portátil. Te hace una pregunta y tu tono se vuelve amable, dulce, suave. Tus alumnas te admiran, algunas casi te quieren. Yo lo entiendo, qué suerte tan inmensa haberte tenido de profesora. A veces bromeo diciendo que tienen que despistarse con semejante mujer. Es un chascarrillo algo capcioso, porque sé que lo que más les fascina de ti no es tu cara, si no tu inteligencia, tu empatía, tu conciencia social y de clase. Recuerdo que, en mi adolescencia, en el instituto, tuve una profesora de Historia a la que miraba como ellas te miran. Pensando, qué bien lo ha hecho esta tía, qué cabeza, qué carácter, qué osadía, qué empaque. Me gustó que me diera clase, poder conocerla. Me gustaba aún más que ella existiera.

No quiero reproducir ningún molde ningún modelo tradicional, ¿entiendes? No quiero que nos casemos y traer hijes al mundo y tener una hipoteca y una plaza de garaje y la aspiración de un piso de veraneo en un lugar abarrotado de la Costa Dorada. Nq quiero creernos el cuento de que somos clase media. De que existe eso. No quiero que nos sintamos unas ricachonas, unas conquistadoras, por cenar una vez a la semana comida de alguna cadena patrocinadora de genocidios, por poner el aire acondicionado o la calefacción sin preocuparnos por la factura, pero sintiendo culpa por la contaminación de un planeta que otros se cargan; por acumular juguetes de plástico que nuestras criaturas desechen con desprecio a los diez minutos de haberlos recibido envueltos en papel de regalo y mucho celofán.

Pero ¿y si he aprendido a relacionar el amor con todo eso? ¿Si me han enseñado que el amor es poseer, quedarnos con unos papeles firmados, con una fiesta-celebración de nuestro amor, con un álbum de fotos, con una pequeña vida que colmemos de atenciones?

Qué hago si no lo quiero, pero.
Qué hago si sí que lo quiero, pero.

Estoy cansada. No sé lo que me pasa salvo que todo me cuesta horrores. La psicóloga a la que he ido un par de años diría que es el capitalismo. El trabajo que lo llena todo todo todo. Que no queda espacio para la vida. La existencia desparramada en ciudades, la imposibilidad de llegar a todo. Te digo solo tú eres un alivio, un asidero. Eres el único algo y alguien que no me supone esfuerzo. Y *me siento horriblemente mal por decir esto. Primero porque no es verdad. Hay muchas personas a las que adoro, muchas acciones que me atan a la vida. Segundo porque La Teoría. Tengo mucha teoría en la cabeza: lo que debería ser y sentir. Lo que tenemos interiorizado sobre la dependencia. No hay que depositar nuestro bienestar completo en alguien. No podemos darle a nadie semejante responsabilidad. Además, hay que valerse por una misma, ¿no? Pero la interdependencia es hermosa, en eso estamos de acuerdo. Los fanzines de Cris Lizarraga me reconcilian con esta idea. Nos necesitamos, nos amarramos, nos construimos así, aunque a veces parezca insuficiente. Gracias a elle aspiro de nuevo a la movilización, a la acción y al sostén mutuo.*

Nos vamos a pasar el finde a mi pueblo. Caminamos por las lindes de la carretera comarcal, hasta llegar a la orilla del río. Todo lo cubre un manto de hojas naranjas, amarillas y doradas. Algunas están secas y se resquebrajan con el mero bufido del aire. Otras están frescas, húmedas y elásticas. Cuando las pisamos casi nos resbalamos. Pero al dejarlas atrás vuelven inmediatamente a su forma original. Son las aliadas perfectas, las que permiten no dejar huella. Volvemos a casa y enciendo el fuego. Unas piñas secas, algún tocón de madera grueso. Tú me miras sentada en el sofá, a unos escasos metros. Siempre muestras mucho respeto por los objetos de esta casa. Sabes que he guardado todo lo que pertenecía a mi abuela. Que

mi perdición es custodiar lo material, como si
de esta manera pudiera honrarla con mi devoción, con algo de dignidad. La verdad es que
no tengo claro que ella misma apoyase o en-
tendiese esta costumbre mía. Pero es lo que me
queda. Fue la primera mujer que admiré. Fue
la primera que me animó a ser, que me enten-
dió antes de que yo misma lo hiciera. No tuve
esa suerte con el resto de mi familia, con mis
padres la relación siempre tuvo aristas, hasta
que el sacrificio era demasiado grande; así que
tú lo entiendes y te sumas a mi culto. Coges la
tetera de hierro de la yaya, la llenas de agua y
la colocas sobre el fuego. Alcanzas un hatillo
de lavanda y lo cuelgas en un lateral. Igual es
porque estoy premenstrual, pero me emocio-
na la ritualidad del acto. Te he contado mil
veces cómo ella me preparaba las infusiones,
cuando aún no me gustaban. Tú me regalas
la reproducción de sus pasos. Me acaricias el
brazo, subes hasta la mejilla y vuelves a bajar,
deteniéndote en mi cuello. Acoplas tu mano y
sonríes. En momentos así me doy cuenta de

que yo solo quiero que me mires. Quiero mantenerme entera, erguida, capaz. Ser un girasol que te sigue si tú lo miras.

Nuestra segunda cita fue pasar dos noches seguidas, sin apenas dormir. Muy cliché lésbico. Teníamos la necesidad imperiosa de hablar hablar hablar. De contarnos las vidas, de contarnos quiénes éramos con siete años, de contarnos cómo vivimos el colegio, de contarnos el hostión de la adolescencia, de contarnos cómo nos construimos en nuestras respectivas casas. Yo te miraba fascinada, embelesada. Tenía el privilegio de un show privado, una primera fila para escucharte. Aún me sigue sorprendiendo que no te des cuenta de lo interesante que eres. Te rodeé con mis brazos, bien abiertos, para abarcarte entera. Decidí que no me importaba la incomodidad física, la inmovilidad, si era a cambio de eso. A los dos días, te llevé a casa, en el coche no sabía si darte un beso. Quería hacerlo, por supuesto que quería, pero no quería incomodarte. Quizás para ti todo acababa ahí. Te lo pregunté. Me has agradecido infinidad de veces esa pregunta. Tiempo después, cuando me presentaste a tus padres, estabas nerviosa, no le querías dar demasiada importancia porque sabías que para mí era algo complicado. Pero sé que vosotros habíais tenido una relación mucho más dulce de la que yo nunca podría haber llegado a tener con los míos. Me colmaron de atenciones, me recibieron con muchísimo cariño. Los imaginaba afables, pero no tanto. Me gustó saber que habías crecido con ellos, que habían estado ahí contigo, que en este mundo tan hostil e, incluso, fallándote tanto como ya sabía que lo habían hecho, te habían querido y acompañado sin reservas. De ellos aprendiste que lo que se tiene se comparte, que el amor y la tierra son para quienes los trabajan.

Nos hemos ido de excursión. Desde que empezamos la relación hablamos sin parar de monjas. Dominicas, carmelitas –descalzas y agustinas–, clarisas, catalinas. Clausura.

Cuánta cacofonía. En los viajes de coche escuchamos varios episodios de Las Hijas de Felipe. Nos reímos bajito, nos ponemos a hablar y entonces pausamos el podcast y retrocedemos. No nos queremos perder nada. A mí todo me recuerda a lecturas de la carrera, a conversaciones con mis amigas de la universidad, a las mujeres del siglo XX que tanto me obsesionan. Te cuento que mi amiga Sabina nos regaló a mí y a otra amiga dos medallones dorados. Repletos de redondez, diminutos, con el relieve perfecto de unas manos en oración. Estos colgantes venían envueltos en unos saquitos de terciopelo brillantes y en dos cajitas idénticas. Con el paso de los años, la mía ha sido usada para guardar porros, llaves, dados y alguna cosa más. La nota que Sabina nos escribió decía *estoy segura de que en otra vida habríamos sido monjas, para huir de la obligación del matrimonio, para liberarnos en un encierro voluntario junto a otras como nosotras.* Pienso en sor Juana Inés de la Cruz y sus poemas a la Marquesa de Laguna, su protectora. Pienso en la abominable serie sobre la monja que una vez empecé a ver con mis amigas. Le envío a mi madre por WhatsApp el vídeo de Paco Bezerra en la Asamblea de Madrid respondiendo con rabia a un portavoz de Vox. Releo su obra teatral censurada y veo a Santa Teresa con dulzura y admiración, como cuando la leí en la universidad. Voy al cine a ver la *Teresa* de Paula Ortiz y me conmueve entera. Lo hablo contigo sin parar. Tú has ido al cine dos veces a verla. Sola. Cuando viajamos a Oporto nos compramos dos imanes idénticos de la Santa. El mío se rompe en el viaje de vuelta. Leo tu reseña en Goodreads sobre *Las experiencias del sufrimiento en la mística cristiana femenina: Teresa de Jesús, Gema Galgani, Marthe Robin y Simone Weil*. Se me cae la baba contigo. Una mañana de agosto me llega un mensaje tuyo. Mayúsculas. Van a desenterrar a santa Teresa de Jesús. Así que vuelvo al principio. Nos vamos de excursión al convento de Santa Clara de Burgos. Compramos pastas, paseamos por los exteriores, observamos los arcos del claustro, nos sentamos en la piedra, bajo las arcadas, frente a frente. Qué quietud. Hoy hay poca gente de visita. Una familia con dos criaturas pequeñas. No hacen apenas ruido, solo se escuchan sus risitas y alguna carrera de vez en cuando. El plam plam plam de sus pisadas sobre las losas inmensas y frías. Te miro a los ojitos brillantes, enmarcados en tus cejas rectas, tupidas, cercanas. Te doy un beso en los labios y me dices *¿estamos reivindicativas?* y yo te contesto que no, que ese beso allí es más bien un *embrace the tradition.* Sueltas una carcajada sonora, que retumba y hace eco. Meneas la cabeza y me dices que habríamos sido dos monjitas inseparables, siempre hablando de un dios modificado a nuestro antojo, de lecturas, de alcanzar la paz.

Cultura sáfica son muchas cosas. Leslie Feinberg y su Stone Butch Blues, *las lesbianas no somos mujeres de Wittig, los viajes en Alsa por amor, o sea, las relaciones a distancia, «déjate el trajecito que te voy a dar con to» de Eddi Circa, las* drag queens *híper femeninas, la masculinidad femenina, las camisetitas de tirantes blancas, las gorras, las prótesis (el cuerpo ciborg hecho a trozos) o el parche en el ojo, también nos valen unas gafas; los mosquetones, la pelusa del bigote o el bigote pintado, las folclóricas que se daban y dan pipetazos, las monjas, los anillos en el meñique o en el pulgar, las asesinas en serie, los music halls, las novelas de Sarah Waters, Shego de* Kim Possible *–la fantasía de que Shego y Kim hubieran sido novias–, Spinelli de la* Banda del Patio, Muchachas de Uniforme *–cualquier versión–, Poussey de* Orange Is the New Black, The Handmaiden, *actrices como Cate Blanchett y otras tantas; los poemas y las cartas de amor de Emily Dickinson a Susan Gilbert –que le informase de que lamía el cierre de los sobres que Sue le enviaba para recuperar algo de su sabor–, Victorina Durán, todo en ella;* Natalie Clifford Barney, *el «te aseguro que alguien se acordará de nosotras» de Safo.*

Un día, por fin, te presento a mi amiga Leonora, a la que conocí al mudarme a Madrid, con la que me besé con dulzura y pasión en un par de ocasiones y que ahora me acuna, me acompaña, me apoya cada día. Leo es parte de mi día a día y si no lo fuera, sin duda, necesitaría que las cosas cambiasen. Vamos juntas a cada evento de lesbianas que podemos. Al cine, a charlas, a presentaciones de libros. Leemos sin parar y nos prestamos libros. Bueno, ella me gana desde hace mucho. Yo no leo de forma tan constante. Me gusta que me recomiende lecturas, eso sí, observar cómo se cuela su mirada en el proceso. Que tenga opiniones tan formadas, tan sólidas. No llega a ser impositiva, pero es contundente. Ella sabe quién es y eso me fascina. Me da esperanza.

La miro y la veo limpia, ¿sabes? Ha sufrido violencia sexual, ha visto con dolor cómo hombres que ella quería la cosificaban, ha dudado mucho de su identidad, de cómo enunciarse. Pero eso no la ensucia. La limpieza es una cosa abstracta. Quizás suene a reminiscencia de la Sección Femenina, pero no voy por ahí. Cuando digo que está limpia me refiero a otra cosa. A un camino con luz, a un compromiso colectivo, a una trascendencia que no tiene que ver con el daño que te hayan hecho, si no con el bien que estés dispuesta a hacer.

Ella llora por otra chica y yo la abrazo. Nos apretamos la una contra la otra y quedamos en cualquier hueco de su extraño horario laboral. Merendamos donuts veganos que compró porque se acordó de mí y de que iría a su casa. Uno de tarta de queso y otro de higos y crema. Nos deshacemos con el segundo. La boca llena de azúcar, las manos sobre la mesa de su comedor, yo acariciándole las uñas semipermanentes, las yemas de los dedos rozándose, las lágrimas saladas amenazando con hacer una aparición estelar. El tacto no está hecho solo para las amantes. Un tropezón pegajoso cae sobre el plato mientras hablamos, otro se precipita sobre la mesa de aglomerado oscuro. Aunque le pase una servilleta se queda el rastro de la humedad. Ahí está su saliva y la mía, un poco de disfrute y de intimidad compartida. Las promesas de eternidad de una amistad forjada en tres años, porque sí, porque nos gustaría que aspirase a la infinitud.

Leo libros estupendos en los que me encuentro de cara con el abuso, el hastío, la ansiedad y la depresión. Con mujeres desquiciadas al borde de… O en pleno fango. Pienso en la protagonista de La muela, *en su descenso en picado, que consiguió generarme mucho rechazo, mucho escalofrío, poca identificación. Pero pienso también en la Humana de* El celo *y aquí las cosas cambian. Se cruza en mi cabeza la idea. Y si volviese a tomar ansiolíticos… y si… solo un poquito. Volver a esa cama mullida de almohadones inmensos que no existe en ningún plano de la realidad. Volver a la cuna absorbente. Dejarme caer, dejarme no ser en ella. Suspender toda actividad, entregarme al descanso, al cerebro hecho papilla, a la ausencia de pensamientos. A veces fantaseo con la renuncia total.*

Te cuento que últimamente mi algoritmo me enseña vídeos de parejas sáficas en contraposición a vídeos de parejas heteros. Es decir, una mujer graba la desagradable reacción de su marido al pedirle que haga algo por ella que ella también podría hacer –véase, pelar una mandarina o hacer café– y una pareja de dos mujeres hacen su replica. En estas respuestas sáficas siempre hay una disposición total, actitud de entrega sin reservas, «romántica». Nos ofrecen lo que se supone que los vídeos de las mujeres hetero desearían obtener de sus maridos. Supongo que aquí juega un papel importante la educación, la creación de un rol de género femenino, nuestra enseñanza en el hecho de agradar. Reconozco que estos vídeos me hacen gracia y le dan un pequeño empujón a ese orgullo lesbiano que me dice «tus prácticas relacionales son las mejores». Pero pero pero. ¿Es esto verdad? Hago este tipo de soliloquios de vez en cuando y te miro interrogante. Siempre quiero saber tu opinión. Tú qué piensas. Me hablas del derecho al mal, uno de tus temas favoritos. Mencionas *La casa de los sueños*, lo leíste el pasado invierno. También hablas de lo banal y superficial de esos vídeos cortos. De su carácter competitivo. Al final esbozas una leve sonrisa y dices *pero no tenemos por qué tomarlo tan en serio, no hace falta teorizarlo todo, ¿no?*

Te acurrucas en la cama frente a mí. Respiramos cara a cara, el aire que la otra exhala. Nos mantenemos así unos diez minutos. Quizás más. En realidad, no tengo claro el discurrir del tiempo en esos momentos compartidos. Quiero mirarte la boca por dentro, darte la vuelta y observar tus entrañas, tocarlas con un dedo con un palito con el borde de la uña y aprender de qué estás hecha. No me vale carne, saliva, sangre, músculos, tendones o dientes. No me vale porque eso lo puedo ver, lo puedo tocar. Tiene que haber algo más. Algo impreciso que desconozco, pero que ya deseo. Quiero eso de ti.

Me echas crema en las piernas porque dices que tengo la piel seca mientras me visto corriendo porque he quedado y voy tarde. Ya he dicho que bebo mucha agua, pero últimamente es cierto que estoy bebiendo menos. Estoy deshidratada. Me reprendes con dulzura y te esfuerzas en tu tarea. Me subes la falda y acaricias mis gemelos, mis rodillas, mis muslos. No te pasas subiendo porque eso nos podría hacer perder mucho tiempo y, como ya he dicho, voy tarde. Pero me haces reír. No es que me hagas cosquillas, es algo mejor. La complicidad, el tacto, la mirada. Manos que rastrean y se saben el cuerpo ajeno, lo conocen mejor que el propio. Mi cuerpo rebosa y te quiere con él, junto a él, en él. Te miro con devoción y te veo así: de rodillas untándome como si en vez de crema fuese manteca y como si, después, fueses a devorarme, como si yo fuese un cerdo al que vas a asar. Hay un poema que adoro de Peri Rossi que dice *le gustaría comerse los dedos / de mi pie izquierdo, / con una suave salsa de cerezas / y sorber con fruición los huesecillos. [...] bebería mi sangre menstrual, / con unas gotas de licor / y una pizca de canela. [...] saltearía mis muslos en aceite / y los devoraría a la noche, / acompañada con dulce vino.*

[...] si alguien le reprochara / haber devorado lo que amaba, / con los ojos resplandecientes de placer, diría: / «De lo que se come, se cría».

¿Seré deliciosa para ti?

MEMORIA, DESEO, RESISTENCIA

Ana Murillo Alcázar

ANA MURILLO ALCÁZAR *nació en 1977 en un pueblo de La Mancha. Con 18 años vio la oportunidad de tener una vida viniendo a Madrid a estudiar psicología. Hace unos años abrió la librería Mary Read junto a dos socias. Activista LGTBIAQ+ y bollomami.*

Memoria, deseo, resistencia

Ana Murillo Alcázar

> *Cada historia individual es una contribución esencial a la visibilidad y legitimación de las identidades queer. [...] Estas historias, al entrelazarse, construyen una historia colectiva que opera como resistencia cultural y política frente a las imposiciones heteronormativas.*
>
> Epistemología del armario,
> Eve Kosofsky Sedgwick

Memoria

¿Te acuerdas de la primera vez que oíste la palabra lesbiana, tortillera, marimacho? ¿Te acuerdas de la primera vez que pensaste que algo raro estaba pasando contigo? ¿Te acuerdas de la primera vez que sentiste el rechazo?

¿Te acuerdas de la primera vez que el suelo se abrió bajo tus pies?

Esta es una historia como tantas otras de una niña que nació en un pueblo de La Mancha a finales de los setenta y pasó su infancia y adolescencia en una sociedad machista, homófoba, de sueños rotos y silencios pesados, y en una familia que sobrevivió a la cárcel, la tortura y el hambre. Esta es una historia como tantas otras.

La primera vez que oí la palabra lesbiana fue aproximadamente en el año 1988, cuando yo tenía once años. Estábamos en el SEAT 127 de mi padre y en la radio sonaba «Mujer contra mujer», de Mecano. Uno de mis primos, seis años mayor que yo, me preguntó: «¿sabes de qué va esta canción?», y aunque ya la había escuchado más veces, no tenía ni idea de qué iba la canción. «De lesbianas… ¿sabes qué son las lesbianas?». En ese momento yo ya debía estar hiperventilando porque sí recuerdo sentir una presión muy grande en el pecho, me faltaba el aire en aquel maldito coche. «No», le dije. «Son mujeres que se lían con otras mujeres».

Mirada a cámara, fundido a negro, fin del capítulo.

Y aunque sí es cierto que algo debía intuir de mí misma, seguramente mucho más tarde de lo que otras y otros intuyeron en mi entorno, especialmente por cómo me escupían la palabra «marimacho» o «tortillera» cuando se referían a mí, desde aquel día, «lesbiana» se convirtió en un peso que cargaba en silencio y con vergüenza sobre mis espaldas. (¿Os habéis fijado en las espaldas de cada una de las personas que forman la comunidad LGTBIQA+? Deberíais hacerlo, son inmensas, soportan y han soportado el peso de varios planetas.)

Imagino que mi pueblo no tenía nada especial ni diferente de otros lugares, ni mi infancia bollera fue nada especial ni diferente a muchas otras en aquellos años. Escribo este texto y pienso en todas las transmaribibolleras que aprendieron y pusieron en marcha diferentes herramientas y estrategias de supervivencia que les condujeran a la edad adulta con los golpes y moratones justos y que les permitieran tener una vida lo más funcional posible.

Pero quizás la realidad fue otra y de tanto contarme mi propia historia, una que es como tantas otras, la he modificado. Los recuerdos de tanto manosearlos pierden veracidad. Desde que escribes o verbalizas lo ocurrido, desde que intentas acercarte al hecho en sí, ya lo estás modificando y por mucho que te esfuerces, las palabras construyen un recuerdo alejado de la realidad.

Creo que si en algo podemos estar de acuerdo muchas de nosotras es en la crueldad que supone no tener unos recuerdos limpios, brillantes, lustrosos, que ofrecernos y a los que recurrir. Que la homofobia de esta sociedad nos condenó a infancias y adolescencias complicadas y eso se ha traducido en vidas adultas sin memoria de tanto querer olvidar lo que nos pasó.

Porque si bien existe un rango de edades en el que hay cierta permisividad o despreocupación con los roles de género y está permitido traspasarlos, mezclarlos, confundirlos, no definirse claramente; esta concesión se produce con la convicción de que la propia familia y las heteronormas sociales pondrán al desviade en su sitio con el tiempo. Aquellas que pretendan continuar en una especie de indefinición o su expresión de género no es la que corresponde a su sexo asignado al nacer recibirán gran variedad de castigos, en forma de aislamiento, insultos, humillaciones y violencias varias.

Y así fue mi historia también. Hubo un momento, coincidiendo con mi primera regla, en que aquellas cosas que había hecho siempre o los entornos de los que había formado parte me fueron vetados. Jugar al fútbol o al baloncesto era cosas de chicos, no cerrar las piernas o querer llevar el pelo corto eran cosas de chicos… Me quedé fuera de las conversaciones, de las bromas, de los juegos, de las actitudes, de los gestos de los chicos. Todo aquello que había sido mi mundo y había construido mi imaginario se derrumbó. Porque entonces claramente había dos géneros, con sus propias características y limitaciones. Aquella niña marimacho con 12 años estaba totalmente perdida. Aclaración orgullosa: en los ochenta y noventa en España se era marimacho, la palabra butch llegó muchos años más tarde para, entre otras cosas, darle un aire más cosmopolita a tu identidad. Para, diría yo, olvidar lo que nos horrorizaba «marimacho».

Deseo

Sigo haciendo un ejercicio de memoria y recuerdo que, siendo muy pequeña, con seis o siete años, en una fiesta de cumpleaños buscaba consciente y premeditadamente rozar mi mano con la mano de una vecina de mi edad. Aquellos roces me proporcionaban un placer indescriptible y cuando ella apartó su mano, también consciente y premeditadamente, quise morirme de la vergüenza. ¿Se habría dado cuenta? Es decir, a esa edad, bastantes años antes de la canción de Mecano, yo ya sabía que algo *raro* estaba pasando conmigo y que debía ocultarlo para que algunas personas no se apartaran de mí.

Y cuando eres niña no eres capaz de imaginar cómo estas experiencias van a marcar tu adolescencia. Y cuando por fin llegas a la ansiada adolescencia ya ni siquiera eres capaz de imaginar el futuro.

¿Placer?
¿Deseo?
¿Amor?

¿De qué me está hablando, señora?

¿Quiénes eran las elegidas para poder plantearse estas cosas?

Esas cosas les pasaban a otras, solo hacía falta consultar una biblioteca, poner la tele, acercarse al videoclub, mirar alrededor.

Audre Lorde, en *Hermana otra*, identifica el rechazo como un mecanismo de opresión que busca silenciar la diferencia y perpetuar un sistema que privilegia la conformidad. Para Lorde, compartir las historias personales de rechazo y lucha no solo permite la sanación individual, sino que fortalece la comunidad queer al visibilizar estas experiencias como parte de una narrativa colectiva de resistencia y empoderamiento frente a la exclusión.

Las narraciones de nuestras vidas se entrelazan unas con otras, se reconocen las unas en las otras, multiplican su resistencia, construyen un imaginario compartido, poderoso, para poder llegar hasta le *niñe queer* de Víctor G. Mora.

¿Te acuerdas de la primera vez que oíste la palabra lesbiana, tortillera, marimacho? ¿Te acuerdas de la primera vez que pensaste que algo raro estaba pasando contigo? ¿Te acuerdas de la primera vez que sentiste el rechazo? ¿Te acuerdas de la primera vez que el suelo bajo tus pies se abrió?

En esta historia mía, que es la de muchas otras, no podría decir que a lo largo de mi vida dentro del armario haya sufrido muchos rechazos, para eso debería haberme expuesto, haber tenido el valor de decirle a aquella que creía que era mi mejor amiga (a las disidencias sexuales y de género nos robaron, también, el lenguaje para nombrar nuestros deseos y emociones, tuvimos que recurrir a figuras retóricas instaladas y aceptadas socialmente, aunque no se correspondieran con nuestras realidades) que aquel amor de niña de quince años era inconmensurable y que

> En secreto y en silencio te amaré
> Arriesgando en lo prohibido te amaré
> En lo falso y en lo cierto
> Con el corazón abierto
> Por ser algo no perfecto te amaré.

Pero no ocurrió.

La valentía era cosa de estadounidenses que vivían en barrios residenciales con porche, a las que sus padres les regalaban un coche a los dieciséis años y conseguían un lugar en el equipo de animadoras. O llevaban a la guapa de clase al baile de fin de curso después de haberle puesto una orquídea en la muñeca. Ya sabréis el género de cada quién. Valentía, código postal: 90210.

La valentía era cisheterosexual. Como punto de partida no puedo imaginar ninguna circunstancia más favorable. Después podemos añadir otras muchas variables, pero estaremos de acuerdo que partiendo desde la norma puedes optar a ciertas cotas de bienestar solo con saber jugar bien tus cartas.

Hay cierto recuerdo patético, en su primera acepción, que causa o despierta sentimientos profundos de tristeza, compasión o melancolía, de aquellos años en el instituto: todos los 14 de febrero se ponía un buzón para que quien quisiera enviara cartas a la persona de la que estaba enamorada. Yo quería gritar mi amor por R., escribirlo, dejar constancia de que aquello también estaba pasando en aquel instituto de aquel pueblo de La Mancha. Un instituto y un pueblo como muchos otros. Nunca lo hice. Estrategias de supervivencia.

¿Podría ser la posibilidad de castigo y sus consecuencias una de las primeras cosas que aprendemos las bolleras?

Porque sí, en ese desierto queer que era mi pueblo, sin referentes, sin lenguaje propio, sin recursos, ni materiales, ni libros, ¿cómo se construye el deseo? ¿En qué espejos nos hemos mirado cada una de nosotras para validar, reconocer y nombrar nuestro deseo?

Dice Butler en *El género en disputa* (1990): «el género como el deseo son construcciones performativas, es decir, se producen y reproducen a través de actos repetitivos y normas culturales».

Dice Foucault, antes de Butler, en *La historia de la sexualidad* (1976): «el deseo no es algo que se "descubre" en el sujeto, sino algo que se "produce" a través de discursos y tecnologías del poder».

Si hago un recorrido mental por las mujeres que he deseado desde mi adolescencia hasta ya muy entrada mi edad adulta, todas cumplen ciertos patrones. Mi deseo se ha activado siempre frente a determinadas mujeres y, cuando por fin puedes expresarlo, ¿para qué vas a cuestionarlo? Después del calvario no vayáis a pedirme que me autoflagele o que me salga de la fiesta.

Pero en algún momento tuve que reconocerme a mí misma que mi deseo se construyó bajo patrones de varón cishetero. No me culpo ni me juzgo, haberme dado cuenta de que mi deseo se asemejaba a cómo deseaban los hombres de mi entorno más cercano durante mi infancia y mi adolescencia me ofreció la posibilidad de modificar ciertos acercamientos y buscar un deseo propio. Reconozco que a este punto no llegué yo sola, el descubrimiento tuvo lugar después de varios años de terapia.

En aquel pueblo mío, que era como tantos otros, ¿cómo podía desear una mujer a otra mujer? ¿Qué elementos entraban en juego? ¿Cómo se podía verbalizar? ¿Cómo podía contárselo a una misma?

Las mujeres eran deseadas por hombres. Y, aunque yo claramente no era un hombre, mis preferencias, mis gustos, mi apariencia, se asemejaban a los de los hombres, y fueron ellos los que terminaron por enseñarme a desear.

Este nacimiento del deseo se produce en la que yo creo que es la etapa más crítica en la vida de cualquier LGTBIAQ+: la adolescencia. Es el momento de la exploración y la afirmación, el de las presiones sociales para encajar en los patrones cisheteronormativos, el de la búsqueda de modelos positivos y representación y, también, el de las violencias. No es casualidad que las tasas de ansiedad, depresión y riesgo de suicidio sean más altas entre adolescentes LGTBIQA+ debido a la discriminación y el estigma. Si tuviera que resumir mi adolescencia en un par de palabras escribiría: sin esperanza.

1994, 17 años. El cine del pueblo se había convertido en multicines y algunas tardes faltábamos a las clases particulares de inglés a las que las hijas de familias obreras asistíamos dos veces por semana con la creencia por parte de nuestras madres y padres de que aprender ese idioma nos daría ventajas en el soñado ascensor social.

Volvamos al cine. Última fila. R. y yo estamos viendo una película y ella apoya su cabeza en mi hombro. Yo no sabía ni lo que era un orgasmo, pero creo que aquello fue lo más parecido que tuve en muchos años. Abrumada. Excitada. Con el tiempo detenido. Asustada por si se daba cuenta del temblor.

Dice Sara Torres en una entrevista en *Público* (2024): «Hay muchos deseos entre mujeres que nunca se han materializado porque no se encontró un lenguaje para hacernos reales».

Cómo quieres ser mi amiga,
si por ti daría la vida

Resistencia

En 1995, ya en Madrid, durante los dos primeros años, me pareció creer vislumbrar un posible futuro y, después de superar algunos miedos, entré en contacto con el mundo Chueca y sus bares de lesbianas. Qué noches tan maravillosas. No lo digo porque de repente empezara a ligar con muchas chicas. No. Esa chica de un pueblo como cualquier otro pueblo aún tardó bastante en besar a una mujer y sentirse deseada.

Hay algo que solemos olvidar al contar nuestra propia historia. Podemos ser capaces de contarnos desde un lugar como sujeto de deseo, pero nos cuesta más hablar de nosotras mismas como objeto de deseo. Porque si ya ha sido difícil nombrar nuestra identidad y deseo, nos hemos lanzado a los brazos de cualquiera que mostrara un mínimo de interés. Y no nos ha importado con tal de creernos dignas de atenciones, caricias y sexo.

Cuenta Luisgé Martín en *El amor del revés* que es impensable creer que, después de una adolescencia llena de carencias, violencias, autodesprecio, etc., vayamos a relacionarnos de manera adecuada en nuestra edad adulta.

Mi primer beso deseado fue con veinte años. A pesar de que seguía siendo clandestino y secreto, aquel contacto me reconcilió momentáneamente conmigo misma y con el mundo e inició un camino, en un primer momento de resistencia individual, que acabó convirtiéndose en un poderoso acto de resistencia colectivo.

¿Te acuerdas de la primera vez...?

Seguramente podamos saber qué tipo de vida ha tenido alguien por las preguntas que se hizo durante su infancia y adolescencia.

Porque no nos engañemos, incluso hoy, dos mujeres que se dan la mano tienen mucho de especial. A la necesidad de abstraerte de las miradas ajenas, se suma un ejercicio de resistencia para seguir entrelazando nuestras narraciones y construyendo un imaginario colectivo contra el odio.

Por las que fueron y por las que vendrán.

A WOLF AT THE DOOR

Laura Terciado

Laura Terciado (1989) *nació en Ávila, Castilla y León. Es periodista, divulgadora LGTBIQA+ y creadora de contenido para redes sociales. Condujo el podcast* Maldito Bollodrama *(2022-2024) para dar visibilidad a la existencia y las circunstancias de las mujeres lesbianas y es autora del libro* La única lesbiana de Ávila *(Aguilar), en el que reflexiona sobre la soledad y el desamparo del colectivo y las consecuencias de las comunidades católicas y el pensamiento tradicionalista en la vida de las personas LGTBIQA+.*

A wolf at the door

LAURA TERCIADO

Cada mañana, Andrea se despierta y se da cuenta de que está muerta. Antes incluso de abrir los ojos. Es lo primero que siente. No le ocurre como a otras personas que notan sus propios músculos activarse, los dedos de los pies moverse, la mandíbula soltarse, y notan el aire que entra y sale de sus pulmones y sienten las sábanas que les cubren la piel y el frío en las mejillas, y se dan cuenta de dónde están, de que respiran, de que tienen hambre, que tienen prisa, que están cachondas, que no han descansado lo suficiente, que les duele la espalda o que no se aguantan las ganas de mear. Que se dan cuenta de que hay demasiado espacio en la superficie de la cama, o demasiado poco. A ella no le ocurre como le ocurre al resto de la gente, que reconoce la vigilia en cuanto empiezan a pensar, a acordarse de cosas que han hecho y de cosas que no, de ese mail que no mandaron, de la lista de la compra, de ese recado sin completar. Y piensan en esa estúpida frase que dijeron la noche anterior porque se tomaron un par de cervezas y se les soltó la lengua, en que hoy toca lavarse el pelo, que si *me ha dejado en visto*, que la ropa aún sigue tendida después de tantos días o en que *ayer fue el cumpleaños de Daniela y se me pasó*. Y es entonces, cuando se saben despiertas, que recuerdan que están vivas.

A Andrea le pasa lo contrario.

Ella despierta y no siente nada. No hay cosa que le importe lo suficiente como para pararse a pensar demasiado en ella. Tampoco se acuerda de nada en concreto ni de nadie en particular. No tiene remordimientos, ni nervios, ni hay ningún pensamiento invasivo que la empuje como un resorte fuera de la cama para ponerse a preparar el desayuno y abstraerse con quehaceres hasta dejar de darle vueltas. No necesita distraerse, ella no piensa en nada. A veces coge el móvil, lo desbloquea y abre Instagram y se pierde durante horas entre caras sonrientes, platos de comida, gatos y conciertos que le dan igual. Intenta juzgar el posteo acomplejado, la verborrea superficial. Intenta incluso sentir *fomo*. Pero no lo consigue.

Porque Andrea no siente nada.

Andrea no piensa en nada en particular.

No sabe cuándo, solo sabe que un día se murió. Posiblemente hace mucho, de niña, o a lo mejor fue hace solo unos años, ya no lo recuerda. Quizá nació muerta y se fue dando cuenta poco a poco, según intentaba vivir y veía que no era capaz. Puede que se fuese apagando progresivamente y no quiso verlo. No supo captar las señales o simplemente le dieron igual. A ella no le enseñaron a sentir nada, por eso siempre dio por sentado que nadie a su alrededor lo hacía. Estaba convencida de que todo el mundo fingía. Nunca se llegó a creer del todo las risas explosivas, ni los apegos feroces, las quejas constantes, los amores apasionados o las penas profundas. No se creía que hubiese personas que estuvieran deprimidas solamente por temporadas y tampoco se creía las muestras de emoción espontánea. Como los aplausos. Le invadía una especie de vergüenza ajena cuando veía a otras personas exhibir sus emociones, sobre todo en grupo, ante situaciones tan cotidianas. ¿Por qué la gente aplaude en un parque de atracciones o cuando le sirven la comida en una boda? No tiene sentido. ¿Es obligación social o experimentan una emoción genuina porque un avión ha aterrizado? Y Andrea no sabe si es que toda esa gente aplaude felicitando al equipo de abordo por no haberlos estrellado en mitad del océano o si en cambio se sienten simplemente felices por no haber tenido la mala *suerte* de acabar estampados contra el suelo en un amasijo de hierros, plásticos, maletas y vísceras de cuerpos ajenos.

Siempre había sido así, no le ocurrió de repente. Pero al principio no pensaba que estuviese muerta. Creía lo que podría creer una adolescente cualquiera: que había un abismo insalvable entre ella y el mundo, que todo estaba desconectado, que nada tenía sentido y que la existencia no era más que una ilusión, un fuego fatuo que, igual que se prende, se apaga. Que vivir era ir encadenando sinsentidos, como el meterse cada fin de semana voluntariamente en un sótano sin ventanas, con decenas de personas desconocidas apelotonadas, empujándose unas a otras, a dejar que la música te perfore los tímpanos y a intoxicarte con sustancias que te desinhiben para buscar a otros individuos con quienes copular. Y llamarlo «fiesta».

Andrea odia salir de fiesta.

«Es porque tienes un trauma», le dijo una vez una chica con la que salía y que la obligaba a acompañarla a lugares que la llenaban de ansiedad, a sabiendas de que a los pocos minutos de meterse en un garito sentiría agobio y se querría marchar. «Es que es muy raro que no te guste salir. A todo el mundo le gusta. Tienes un trauma, fijo».

Andrea se había acostumbrado al diagnóstico descafeinado de sus parejas. Ellas encontraban en un extraño trauma sin resolver la única explicación posible para su aversión a los ambientes ruidosos y llenos de gente donde todo el mundo fingía sentir cosas que en realidad no sentían. Ver al resto «disfrutar» y «divertirse» con cosas anodinas la hacía estar convencida de que ella no era parte de este mundo, que estaba sola. Que no sentía nada. Que estaba muerta. Y eso siempre era un problema para las demás.

Así que Andrea empezó a pasar cada vez más tiempo en casa. A invertir horas y horas pegada a la pantalla, a observar desde fuera sin tener que intervenir. Le gusta ver películas, series, y casi que se cree más las actuaciones del reparto que las de las personas que se encuentran en el exterior. También ve dibujos animados de adultos y se ríe del humor macabro, pero su favorito es el género de terror. Muchas noches se mete en la cama a oscuras, enciende la pantalla y elige la cinta más espeluznante que encuentra. A menudo selecciona alguna de esas que ya ha visto una y mil veces porque sabe que va a producirle pesadillas y que la sensación de miedo se extenderá más allá del visionado. Que soñará con esos monstruos, que pensará en ellos, que seguramente permanezcan escondidos en un rincón oscuro detrás del sofá, esperando a que se quede dormida para devorarla.

Una vez vio en un documental cómo funciona el miedo. Por lo visto, esa emoción primaria hace que nuestro cuerpo, al detectar una amenaza y evaluar el peligro, active el sistema nervioso y libere adrenalina. Como si tuviésemos un botón del pánico. Y el ritmo cardíaco se dispara, se dilatan las pupilas, la glucosa te recorre por la sangre y el resto del cuerpo se te para. Literal. Dejas hasta de hacer la digestión, porque todos tus recursos se centran en la supervivencia. Y solo hay dos respuestas posibles: la lucha o la huida. A ella el miedo le hace sentir algo, la conecta con su cuerpo y con el mundo. A veces, cuando se despierta por la mañana y no siente nada, hace cosas como girarse y enterrar la cara entre las fibras de la almohada que huele a suavizante y a humo y a babas, y respira hondo y contiene el aliento hasta que se ahoga un poco y los pulmones le arden, se agobia y acaba tosiendo el aire de forma violenta, rompiendo el silencio de la habitación. Porque siente que puede morirse y ahí es cuando viene el miedo. Y con él, una especie de alivio porque resulta que sí es capaz de sentir cosas, aunque solo sea cuando son muy fuertes y las emociones la paralizan y se le duermen las manos y siente velocidad en el estómago y un hormigueo en los pies y un pinchazo en el pecho que la deja doblada. Quizás Andrea sea adicta a ese pinchazo y por eso lo busca sin parar.

Porque Andrea no siente nada. Salvo el pinchazo.

Cada mañana, Andrea se despierta y se da cuenta de que está muerta. Pero hoy es uno de esos días en los que no está segura del todo. Y se despereza entre las sábanas y siente los dedos de los pies, y nota el aire que entra y sale de sus pulmones, nota que tiene hambre, que está cansada y el dolor de cabeza que se le instala entre las sienes cuando se pasa con el vino. Y nota las palpitaciones en el pecho y cómo se le aceleran cuando se lleva la mano a la boca al bostezar y huele el sándalo y el almizcle de un perfume que no es el suyo. Y se gira y entierra la cara en la almohada y se ríe sin saber bien de qué, en vez de intentar ahogarse a ver si siente que se muere. Porque hoy sí que sabe que está viva. Y alarga el brazo y tantea con los dedos sobre la superficie de la mesilla, buscando el móvil. Pero no está. Anoche llegó borracha, se quedó en bragas y se durmió justo un segundo después de correrse, con él en la mano. Mirando la foto que ella le acaba de mandar.

Buenas noches...

Andrea sigue tanteando con la mano y encuentra el teléfono en el suelo, la pantalla encendida con un mensaje de Miranda.

Buenos días... qué guapa eres, no me lo creo...

Y siente un pinchazo en el estómago, pero no es el que nota cuando tiene miedo. Y siente la adrenalina quemándole las venas por dentro, el corazón a mil por hora, y las pupilas dilatándose y el calor bajo las bragas. Y de repente, remordimientos. No se acuerda de nada de lo que hablaron anoche. Solo flashazos de risas, de caricias y la fuerza del imán. Podía sentir, sí: sentía. Y entre tantos otros sentimientos, el de que estaban conectadas. No entendía por qué, pero tenía la impresión de que conocía a esa chica de antes. Y podía sentirla. Podía sentir la atracción salvaje, la energía magnética. Qué cojones, si la notaban hasta las personas que estaban a su alrededor.

«¿Lo notas tú también?», le había dicho Miranda de repente. Pues claro que lo notaba. Y a Andrea, que no sentía nunca nada, sentir de repente lo mismo que otra persona, a la vez, la dejó desarmada.

Sabe que se contaron cosas importantes la una a la otra. Intimidades. Secretos. Y Andrea empieza a sentir escalofríos de culpa y ese pinchazo de miedo. ¿Qué hace?

¿Lucha o emprende una huida? No la conocía de nada y le contó cosas que no le había contado a casi nadie. Se dieron la mano, aunque no se besaron. Se abrazaron por encima del abrigo. Se despidieron después y, aunque Andrea le dijo que no quería besarla, que no se iba a ir con ella, que no tenía interés, Miranda le mandó una foto de su cuerpo desnudo sobre la cama al llegar a casa. Y Andrea se masturbó mirándola.

No lo entiende. Si en realidad no le gusta. O sí. Ahora ya no lo sabe, porque la ha rechazado varias veces en los últimos meses, pero Miranda insistió tanto que al final había conseguido que algo dentro de ella cediera. O quizá no se había empeñado tanto y era solo su impresión. Andrea se agobiaba fácilmente. Habían pasado varios meses desde la primera vez que la vio y se quedaron paralizadas la una delante de la otra sin saber qué ocurría. Unas semanas después, Miranda le escribió por Instagram proponiéndole una cita. Andrea le dijo que no. Volvió a aparecer en un par de ocasiones más, pero sus mensajes empezaron a ser ambiguos. Andrea dejó de estar segura de si Miranda tenía verdadero interés en ella, así que bajó la guardia. Hasta que se encontraron esa noche. De casualidad, pensó.

En uno de esos documentales sobre naturaleza donde había descubierto el fascinante mecanismo del miedo, Andrea también había aprendido que hay especies depredadoras, como el lobo, que corren mucho más lento que algunas de sus víctimas, como el chirú. Pero una de las virtudes del lobo es la resistencia y este sabe que, aunque sea mucho menos veloz que ellas, cansadas, sus presas son fáciles de atrapar. Los antílopes al ver al lobo dirigirse hacia ellos, echan a correr. Corren y corren y no paran de correr durante horas, hasta que se agotan y se acaban separando del grupo. La presa se queda sola y, agotada, acaba y muere a dentelladas entre esas fauces implacables. Pero Miranda no parecía un lobo. Y tampoco podía decir que había estado persiguiéndola sin parar, no sería justo. No estaba segura. No tenía ni siquiera claro qué era lo que quería exactamente de ella. Hasta esa noche.

Quiero verte...

Los mensajes empezaron a llegar a todas horas. Esos malditos puntos suspensivos que la hacían dudar hasta de cómo se llamaba. El teléfono nunca paraba de iluminarse en la mesilla y cada mensaje era más apasionado que el anterior. Y cada vez que le escribía, Andrea sentía más fuerte el pinchazo, la velocidad, las mariposas devorándole las tripas. Miranda solo quería quedar con ella, ¿qué podía pasar? Solo le estaba pidiendo una cita tonta, unos vinos en un bar pequeño y coqueto del centro, donde nadie las molestaría, donde solo hablarían bajito y se mirarían la boca y se morderían los labios y se pondrían nerviosas y acabarían morreándose en la calle de detrás del bar. Y no sabía cómo, pero de repente Miranda la había arrinconado y le tiraba del pelo hacia atrás con fuerza y le mordía el cuello y la empujaba contra la pared.

La primera vez que se duchó al llegar a casa después de haber pasado la noche con ella, se vio los moretones. Ahora piensa que lo más probable es que sea su culpa, porque entró al trapo en ese juego desde el principio. No lo podía evitar, Miranda la miraba y se relamía, como el lobo con el antílope. Y la lamía y la tocaba y la colmaba de cumplidos y promesas y ojalás. A veces parecía hasta como si se mareara cuando la veía desnuda. Y perdía los estribos y perdía el control y la intensidad era abrumadora y Andrea, que no sabía sentir, se había dejado llevar. Incluso a veces, ya sola en su habitación, se miraba las marcas de los dedos y los mordiscos de Miranda en la piel y sonreía. Y se sentía especial y deseada y única en el mundo, como si el deseo violento de esa mujer fuese lo único que la conectaba con ella misma.

«Qué bien que te guste follar así. Mi novia es una sosa y no me deja hacerle las cosas que tú sí me dejas hacerte». A Andrea le dejaron de doler la piel y el cuello y le empezó a doler el pecho. Y preguntó con la mirada, porque sabía que a partir de ese momento ya no podía decir nada en voz alta que no provocara que Miranda pensase que era una insegura, una celosa o una dependiente enfermiza y la descartara. «Bueno, mi ex… es complicado».

Miranda le dice que tiene una novia pero que ya no la quiere. Y le ha jurado que la va a dejar, pero que no sabe cómo. Es complicado. Todo es demasiado complejo. Lo que era fácil y bonito y espontáneo, ahora es peor que despejar incógnitas matemáticas. Nada vuelve a ser sencillo. Y Andrea duda y se despide de ella una y otra vez, pero Miranda llora y llora y la desarma. A veces, Miranda aparece de madrugada en su casa y le pide subir y se abraza a su espalda llorando y le come el coño y la llama diosa. Y esas veces no hay golpes, ni le aprieta el cuello, solo le da besos tiernos y preciosos y la acaricia y le dice que la quiere sin parar. Miranda es expansiva, es un huracán. Pero a veces también es la calma y el mar manso y un refugio donde la madera quemándose crepita y el frío no es capaz de entrar.

Andrea siente demasiadas cosas.

Y Miranda le tiene el corazón agarrado tan fuerte que también puede sentir cómo sus dedos se lo aprietan y se lo exprimen. Y siente cómo puede llegar a explotar. Y siente los besos de Miranda una y otra vez, el amor y la euforia y la espera y las ansias de abrazarla y siente que está atrapada en esos ojos suyos que brillan a la luz de las velas de ese bar donde muchos días se esconde con ella, aunque no sepa de qué, y vuelve a casa apestando a su perfume. Y siente el vértigo y también que, cuando Miranda no la mira, deja de existir. Y se da cuenta otra vez de que está muerta. De que quizá nunca dejó de estarlo y se dejó infectar por la ilusión colectiva de las emociones fingidas. Y siente cómo Miranda parece saber leer cada uno de sus gestos, de sus palabras, y se anticipa a sus pasos. Ya no consigue apartarla, no consigue soltarse. Y siente la adicción, porque Miranda es como una droga, aunque se comporta como si ella fuese la dependiente y Andrea la sustancia a la que no puede renunciar. Pero renuncia. Porque a veces no le hace falta, o está demasiado ocupada, o simplemente no la necesita. Y empieza a desaparecer durante días. Sin anestesia, sin avisar.

Andrea siente parálisis.

Y siente que no puede respirar. Pero es que Miranda siempre vuelve, con muchas lágrimas, una excusa elaborada y una promesa de que nunca volverá a suceder. Y siempre vuelve a suceder. Es todo demasiado complicado. Pero siempre se perdonan, porque Andrea también le ha hecho daño reaccionando mal y buscándola y no siendo capaz de entender absolutamente nada. Y follan otra vez y todo vuelve a estar bien, pero Miranda ya nunca se queda. La esquiva y se inventa excusas y miente sobre dónde está o por qué tiene que irse o por qué ya no puede subir a su casa. Andrea un día pensó que no podrían verse porque Miranda se había ido de Madrid, pero recibió un mensaje de una amiga.

Acaba de entrar Miranda en Casa Jacinta, ¿vas a venir?

Y le escribe y le pregunta. Y es comprensiva, entiende sus excusas. Es todo demasiado complicado. Y le pide perdón si Miranda se enfada y se siente aliviada cuando después de la bronca le manda una foto desnuda desde la cama. ¿De cuándo es esta foto?

Andrea siente el pinchazo en el estómago.

Y ya no puede dormir en su casa, pero tampoco va Miranda a la suya. La cama vuelve a estar vacía y fría y a oler a suavizante y a tabaco. Solo se acuestan cuando Miranda le manda la ubicación de un hotel y ella tiene fuerzas para levantarse e ir. Y soportar los golpes, las lágrimas y las promesas. A veces coinciden en público y Miranda no la mira ni le dirige la palabra, pero la sigue y se cuela detrás de ella en el baño, le baja las bragas, le mete los dedos agarrándola del cuello, le chupa la boca, la mira fijamente sin decir nada, se los saca, se lava las manos, se atusa el pelo y vuelve a salir, volviendo a fingir delante del resto que Andrea es invisible.

Andrea se siente atrapada.

También se siente confusa. Ya no sabe qué es verdad y qué se ha estado inventando. Cree que sus amigas están locas cuando le dicen que Miranda no les gusta, que creen que no la trata bien. Piensa que es mentira cuando alguien le dice que la novia de Miranda ha vuelto a casa. Andrea le pregunta y la respuesta es «tienes que tener cuidado con las paranoias».

Que nada es verdad. Y ya apenas se ven. Su amor intenso y acalorado, apasionado y desquiciado se ha reducido a una serie de mensajes y llamadas esporádicas cuando Miranda está borracha o sola. Ya no hay puntos suspensivos.

Estoy bien. Gracias.

Solo cuando Andrea decide salir y olvidarse y dejarse sentir otros placeres y se acuesta con otras chicas es cuando Miranda vuelve. Y llora y pide perdón y le hace el amor desesperada y esa noche sí se queda y desayuna con ella y le despeja el pelo de la cara y le promete que las cosas están mejor y que todo sigue siendo muy complicado, pero que pronto dejará de serlo. Y hablan hasta altas horas de la noche y vuelven los puntos suspensivos y las fotos en bragas y la desesperación por la carne y el amor.

Pero de repente pasan los días y Miranda no responde. No sabe dónde está. Y pasan las semanas y Andrea no quiere sentirse como una acosadora y por eso no le reclama nada.

Andrea se siente mal. Andrea se encuentra mal.

Y se ve suplicando. «Necesito verte, por favor». Andrea ha asumido que tiene que salir de la espiral. Pero Miranda se niega. «No quiero verte, me vas a dejar. Hazlo por aquí y ahórrame tener que quedar contigo».

Miranda ha acabado cediendo, a regañadientes. Han quedado en uno de esos bares bonitos donde hace unos meses todo era caricias y música melosa y reflejos de las velas en los ojos. Andrea le dice que se está muriendo y que no puede más. Que se acaba. Miranda se niega.

Te doy tres opciones: seguir así, ser novias de verdad o tomárnoslo con más calma.

No sabe cómo, pero Andrea consigue calmarla y zafarse, pero al día siguiente su teléfono no para de sonar. Ahora es Miranda la víctima, la verduga es ella. Porque la ha dejado. Porque no la quiere, porque no la desea, porque ha mentido y fingido que sí. Porque la está abandonando. Miranda se presentaba en su casa, en su trabajo, le contestaba a cada story.

Me he dado cuenta de que quiero estar contigo.

Y está celosa, enrabietada, no descansa nunca. Andrea se siente perseguida, observada en cada uno de sus movimientos. Siente que está atrapada en un juego sin reglas, cayendo una y otra vez. Porque cae. A veces se siente débil y contesta a los mensajes de Miranda. A veces le abre la puerta y deja que se meta en su cama y se deshaga en halagos y besos y miradas de deseo que se convierten en indiferencia unas horas después, cuando se viste a oscuras y le dice que se va, que tiene mucho lío. Y Andrea se queda ahí tirada, mirando al vacío.

Andrea no siente nada.

Y empieza a buscar un hueco por el que escapar. Ya no le importan los besos, ni las promesas, no siente nada al ver a Miranda llorar. Tampoco siente nada cuando la ve con su novia, ni cuando Miranda le dice que solo son amigas y que tiene que apoyarla, a la pobrecita, porque no consigue superar su ruptura y así es mejor. Que es todo demasiado complicado. No siente nada cuando la acorrala, celosa, y le pide explicaciones. No siente nada cuando un día, llorando, Miranda le dice que se quiere casar con ella.

Andrea no siente nada.

Hace unas semanas, Miranda la llamó al porterillo y pidió subir. Entró en casa y no dijo nada. La desnudó, se desnudó, se acostó con ella y se fue. Miranda no dijo nada. Andrea tampoco. No se han vuelto a ver desde ese día, no han vuelto a hablar. El teléfono se ilumina.

¿*Puedes venir? No estoy bien. Necesito hablar contigo.*

Le pide que vaya a verla y Andrea va, una vez más. Pero no encuentra a Miranda, sino el hueco por el que escapar. Miranda le pide perdón, lo admite todo, le confiesa casi todas las mentiras y le ruega que se amen otra vez. Como si alguna vez se hubiesen amado de verdad. Andrea le dice que va a volver con ella. Que se querrán para siempre, que tendrán bebés y una casa en la playa, junto al mar. Que la quiere, que todo es verdad, que se equivocó intentando dejarla. Que ojalá hubiese sido suficiente. Y le besa los párpados húmedos llenos de lágrimas y le besa los dedos y las mejillas y los labios y se va. Y ya no vuelve a saber nada de Miranda. No vuelve a verla, ni a recibir ningún mensaje.

Cada mañana, Andrea se despierta y se da cuenta de que está viva. Antes incluso de abrir los ojos.

Una orilla que nade

Darío Gael

Darío Gael Blanco Gómez de Barreda *(Madrid, 1989) escribe y traduce para* Vanity Fair *e imparte un curso de cultura queer en el programa universitario de Tufts-Skidmore en Madrid. Ha publicado ensayos y relatos de ficción en volúmenes colectivos de las editoriales Dos Bigotes, Amor de Madre, Levanta Fuego y Egales. Le gusta pensar que es un dandy del extrarradio con trazas de folclórica, pero ya le gustaría ser tan interesante.*

Una orilla que nade

Darío Gael

> *Contemplo la otra orilla.*
> *Espero que algo se rompa.*
> *Que el miedo apacigüe.*
> *Las olas nunca terminan de pronunciarse.*
> *No conocen el final.*
> *Nunca son las mismas.*
>
> Ariel Florencia Richards

Me resulta tremendamente útil, así como a autoras como Elisa Coll o como a la propia Ariel, la orilla como metáfora. Me sirve para hablar sobre quién soy, dónde estoy, hacia dónde me desplazo, qué paisajes conforman mis territorios. Sostiene Richards que «transitar es abandonar la certeza de la orilla». Estoy completamente de acuerdo, pero creo que puede aplicarse una idea similar al hablar de la experiencia de ser y presentarse constantemente como bi. No solo implica la existencia de más de una orilla en la que descansar temporalmente, celebrar una fiesta o construir una cabaña, sino también el hecho de que las propias orillas se desplazan, no solo tú. Tanto si te animas a nadar como si no, el paisaje cambia. Y tú con él.

¿1994?, salón de mi vecina Ana. Es la primera vez que recuerdo haber visto la película La historia interminable. *Atreyu debería tener la piel verde, pero se conoce que no daba bien en cámara (o no compensaban las horas de maquillaje). Incluso con la piel verde me habría parecido guapísimo, con ese pelo brillante y lacio que a mí me habría encantado tener y esa mirada tan seria. Unos años después, nos daríamos un aire. Es uno de mis primeros «¿Quiero ser como él o quiero gustarle? Tal vez ambos». Lloro mucho, muchísimo, con la muerte de Ártax. Desarrollo un miedo atávico al Pantano de la Tristeza. Esa noche sueño que soy Bastián, y Atreyu y yo volamos a lomos de*

Fújur y al llegar a nuestro destino, un bosque azul, nos besamos.

* * *

1997, vestuario de mujeres de la piscina cubierta del Polideportivo del Cerro del Telégrafo.

Llevo gorro de silicona y bañador de cuerpo entero y estoy encorvado, robándole tiempo a la clase de natación obligatoria de cada miércoles. Estoy nervioso. No me gusta llevar ese tipo de bañador y no sé ubicar el por qué de mi incomodidad. Tengo un cuerpecito atlético y delgado. Nunca me han dicho nada malo sobre él. No me gusta mucho nadar, pero sí tirarme desde el trampolín. Colarme bajo la piel del agua sin apenas salpicar. Aguantar el mayor tiempo posible buceando, fantasear con que me salgan branquias. Sigo sentado en el banco del vestuario y he empezado a respirar muy fuerte sin darme cuenta. Me rodean mis compañeras, algunas de ellas adoptando poses coquetas frente al espejo mientras se cambian.

K., con quien se meten constantemente por ser gorda y gitana, ha tenido que meterse en un cubículo para eludir los comentarios sobre su vello corporal. Me levanto y le pregunto a través de la puerta si está bien y me dice que sí con voz firme, pero la escucho sollozar. Vuelvo a mi banco cabizbajo, haciendo oídos sordos a la llamada del monitor. Una niña con ojeras, una de las pocas de mi clase que nunca me ha tratado mal, me coge de la mano y me sonríe. Me arden las orejas y no sé por qué.

Esa tarde se lo cuento a mi madre. «A lo mejor lo que pasa es que esa niña te gusta», dice. Levanto la vista para descodificar su tono. Sonríe. «Tú desde luego le caes bien. Es buena niña, muy educada». Asiente para enfatizar su aprobación y da un sorbo a su Coca-Cola. Pues claro que me gusta.

* * *

Me supe bi, sin saber que eso tenía un nombre ni que había que verbalizarlo, desde antes de saberme trans. Me articulé y me presenté como tal desde los 15 años. Desde mis primeras incursiones a Chueca (y mi primer Orgullo, el que celebró la legalización del matrimonio igualitario) supe que eso significaba adherirse a otras especificidades, a otros espacios que en ningún caso me tenían en mente a mí o a la única persona abiertamente bisexual que conocía por aquel entonces, una chica pelirroja que repartía condones del Cogam. Me sacaba unos pocos años y me dio su Messenger por si necesitaba hablar sobre el tema. Hablamos alguna vez, pero siempre sobre otras cosas. Me confortaba más la idea de poder hablar con ella que la de llegar a hacerlo.

* * *

Octubre de 2015, Berlín. Estoy de viaje con una amiga y paseamos por las inmediaciones de Warschauer Straße. «Yo te quiero mucho, pero no podría estar con un tío como tú», me espeta de repente. La miro atónito. Esa misma persona me va a prestar parte de los 5.500 euros que me costará la mastectomía. «Me refiero a uno bisexual», aclara en tono tranquilizador. Ah, bueno. Menos mal. «Es que tendría que preocuparme por intentar no tener celos del doble de gente y además no sé cómo me sentiría sabiendo que ha estado con otros tíos». Algo se rompió aquella noche, aunque los dos intentamos, sin mucho éxito, volver a pegar los pedazos.

* * *

Se habla mucho –sobre todo desde fuera y desde lejos– de cómo ser bisexual aumenta tus posibilidades de que te guste alguien. En mi caso, y en el de otros hombres *bisibles*, más bien aumenta las de no gustar yo. Y las de salir herido. Mi primera pareja estaba convencida de que en realidad era gay y me llamaba maricón jocosamente. La segunda empezó a llamarse queer (y dejó de hacerlo al dejar de estar conmigo) porque cómo iba a ser hetero, algo que jamás se había cuestionado hasta aquel entonces, si yo no era cis. Porque nadie nos percibía como pareja, incluso las pocas veces que intercambiábamos muestras públicas de afecto. Relacionarse conmigo parece, a menudo, más un dispositivo de nuevas prácticas que una conversación. A menudo soy «el primero» en algo. El primer hombre (si es que eso es lo que soy), el primer hombre trans, el primer hombre bi. A menudo ese inicio se presenta como un machetazo de explorador en el que yo no sostengo el mango. A menudo supone, desde la primera mención, un considerable obstáculo. O, cuanto menos, una novedad abrumadora.

Nunca he abordado esto en profundidad con nadie. Lo más que he hecho ha sido poner en común experiencias con otras amigas y parejas bisexuales, contrastando nuestras vivencias en el archipiélago del mapa de los deseos que se nos permite habitar. Enfrentando su constante fetichización a mi expulsión del territorio de lo deseable, siempre que hablamos del género y la sexualidad con los que el sistema heterosexual nos insta a relacionarnos. La primera vez que dije en alto que había tenido muchos más problemas por ser bi que por ser trans a la hora de relacionarme con mujeres heterosexuales (una praxis felizmente aparcada), varios rostros se giraron, mirándome entre atentos y sorprendidos. Aunque he vivido momentos de ajustes incómodos y episodios violentos de transfobia en el ámbito de la intimidad sexoafectiva, nada se compara, para mí, al goteo constante de invalidación, a la burla subyacente, a ser consciente de que jamás podría abarcar la mayor parte de lo que deseo con una persona que me considera y trata como mercancía dañada por mi pluma, por algunas de las cosas que busca mi cuerpo y por cómo las busca. Curvándose, abriéndose, adaptándose en lugar de erguirse, tensarse y endurecerse. Instalando una vergüenza en mí a la que tuve que alquilarle una habitación y que no se llevó sus cosas al marcharse.

* * *

2008, sala Caracol. Estoy en una fiesta visualera, bailando al ritmo de la música electrónica de DJ Sisen. Acudo con mi pareja de aquel entonces y trabo conversación con un chico gay claramente fan de Kamijo, el vocalista de Versailles. Se lo hago saber por mi interpretación de su atuendo y asiente, ilusionado. No paramos de cruzarnos, mirarnos y sonreírnos en toda la noche. Al despedirnos, me dijo que qué lástima y yo le pregunté a qué se refería. «Serías perfecto si fueras un hombre. Pero no lo eres», me dice. Sella la conversación con un beso no consentido en los labios. Me quedo quieto y tardo un momento en darme cuenta de que estoy hiperventilando.

* * *

La mayoría de las veces que me relacioné (o estuve a punto de) con hombres gays, lo hice mucho antes de que los hombres trans tuviésemos nuestra propia categoría pujante en el porno gay, tanto amateur como *mainstream*. En el mejor de los casos, demostraban curiosidad.

En la mayoría de ellos, repulsión. En aquellas situaciones, el rechazo poco o nada tenía
que ver con mi deseo (ni siquiera era tenido
en cuenta), sino con cómo poder proyectar el
suyo en un cuerpo como el mío. Con conciliar
una atracción que estaba ahí antes de conocer
ese dato y que no se esfuma por ser consciente
de él, pero parece ahogarse en un charco de
alquitrán. Una mezcla insidiosa de vergüenza,
transfobia, misoginia y genitocentrismo, entre
otros posibles elementos. He tardado mucho
tiempo en permitirme ser consciente de que
nada de eso tiene que ver conmigo, ni siquiera con su mirada. Simplemente forma parte de
un entramado, de un cistema que cercena in-
numerables posibilidades antes de que tomen
forma. Uno que, en los últimos años, ha dado
lugar a un nicho de fetichización sujeta prin-
cipalmente a una idea: que los pasivos existen como una identidad fija sujeta a un tipo
de cuerpo específico (más menudo, más apa-
rentemente femenino) y que un hombre trans
sin ninguna cirugía genital puede ser el pasivo
perfecto desde esa perspectiva.

Me cuesta mucho relacionarme con lo gay, que no con lo marica. No percibo tanta diferencia en cómo me tratan, me tocan y me miran sin mi consentimiento a cómo lo hacen los hombres heterosexuales con prácticamente cualquier mujer a su alrededor (y conmigo hasta hace unos pocos años). Y, lo que es más terrorífico: mi primer impulso no es huir, sino constatar que ese deseo existe. Que es posible. Que se dirige hacia mí, aunque eso pueda ponerme en peligro. Esa búsqueda de validación, ese aso-marme al acantilado del deseo masculino sin apellidos, me hermana con muchas mujeres bisexuales y tal vez con más de una lesbiana que no siempre se ha percibido así. He en-contrado excepciones en amigos maricas mo-nosexuales con quienes, al margen de lo que pueda o no sentir o imaginar en un momento dado, he decidido explorar solo esa forma de relacionarnos: la amistad (por mucho que yo mismo no tenga claro sus confines o si ha de tenerlos). Una amistad que me gustaría que en el futuro fuese más honesta, más horizontal y más elástica. Pero llevo mucho más tiempo aterrorizado de los hombres que dispuesto a dejarme querer por ellos y ese promete ser un proceso largo. Solo ha habido una excepción y fue con un tremendo maricón bisexual que prácticamente no ha pisado el armario. Pero se nos dio mucho mejor ser amigos que solo se dicen cosas bonitas.

De entrada, me resulta diferente y menos aterrador relacionarme con hombres bi aunque solo sea para compartir vivencias en común, tal vez apuntalar una pequeña alianza política más allá de lo superficial y de lo intuitivo. Pero me resulta dificilísimo conocer a alguno que se presente como tal. Corrijo: es dificilísimo cuando son cis, el diagrama de Venn entre ser transmascu y no ser hetero ni monosexual es, cuanto menos en mi entorno, prácticamente un único círculo. Fuera de ese microcosmos, la mayoría de los casos que conozco suelen ser hombres cis que se presentan al mundo como gays o mariconesdelosdetodalavida, pero que en un momento dado me confiesan (ese es el verbo, confesar) en un aparte que en realidad son bisexuales, pero no se sienten legitimados para decirlo. O no les conviene dentro de su entorno habitual. Les resta puntos de deseabilidad y añade nuevas capas de sospecha a la abyección que sí proyectan en cualquier caso, en tanto que traidores de la hombría heterosexual. Por lo visto, no se puede ser disidente, hombre y sentir atracción (sexual, romántica, emocional o todas ellas) hacia una mujer.

No obstante, pocas veces me he sentido y me han hecho sentir más disidente, más Lo Otro, que relacionándome con alguna desde mi pluma y la de ella. Diciéndole al mundo que las mujeres (todas ellas, también las trans o travestis, las racializadas, las gordas, las discas, las masculinas o las escandalosamente femeninas) son dignas de amar, de acompañar, de cuidar, de desear y que eso no siempre te hace participar de la heteronorma. De hecho, la mayoría de las que pueden y quieren querernos y/o desearnos a quienes estamos fuera del armario bi no pasarían ni pasan por hetero en casi ningún espacio. La mayoría de las veces que me han dedicado algún insulto homófobo en los últimos años ha sido teniendo a una mujer por pareja, ahí mismo y a mi lado. No paso más por hetero que muchos gays o bisexuales que participan infinitamente más de la heteronorma que yo. Eso es algo que cuesta digerir en algunos espacios de activismo que se atan a una determinada identidad sin tener en cuenta más elementos que ese o sin problematizar las complejidades de la realidad material. Nos proyectamos en numerosísimos ejes y son nuestras prácticas, nuestra manera de movernos por el mundo, las que a menudo nos permiten encontrarnos entre nosotres o nos colocan en la diana frente a un potencial enemigo. «No soy maricón, estoy maricón», resumió Christo Casas cuando lo entrevisté para *Vanity Fair*. Y en ese estar, en ese acto que por definición no puede ser estático, es donde nos encontramos o nos preguntamos si realmente estamos donde queremos estar y somos quienes queremos ser.

* * *

Septiembre de 2024, mi amiga F. y yo nos animamos mutuamente a acudir a una fiesta sex-positive con enfoque transfeminista, anticapitalista y queer en el Centro Social Okupado La Enredadera. Nos parece precioso que, después de que la organización pusiera tanto cuidado en crear un entorno seguro con un cuarto semioscuro para quien quisiera utilizarlo, dicho cuarto delimitado por una serie de telas oscuras haya permanecido completamente vacío prácticamente la totalidad de la noche. Todo el mundo parece pasárselo bien y estar relajade. Mientras doy un sorbo a mi refresco, se me ocurre que a veces la idea de poder hacer algo da más sosiego o entusiasmo que llegar a hacerlo. Cuando nos disponemos a marcharnos, me detengo a hablar con un par de conocidas que pertenecen a una agrupación bi no mixta de la ciudad. «Anímate a venir a nuestra próxima asamblea, anda», me dice una. Le contesto que tengo entendido que se trata de una asociación no mixta dirigida a mujeres y que así lo hacen saber en sus publicaciones. «Sí, pero lo hemos hablado y los chicos [énfasis en "chicos"] trans y otras disidencias podéis sumaros. Es con los hombres cis con quienes muchas no quieren compartir espacios por experiencias previas». ¿Con los hombres cis en general o con los hombres cis y bisexuales en particular?, pregunto. «Bueno, más bien lo primero. Pero es que lo segundo es difícil saberlo seguro». Estuvo certera ahí, aunque intuyo que no interpreta esa frase de la misma manera que yo. Efectivamente, es dificilísimo que un hombre bi, así como cualquier persona bi o pansexual, no dude sobre la legitimidad de identificarse como tal y manifieste una total seguridad con respecto a su propia bisexualidad o heterosexualidad en cuestionamiento. En ese particular, beneficiarte parcialmente del patriarcado no resuelve tus dudas, si acaso puede contribuir a fosilizarlas. La verdad es que de momento sigue sin apetecerme ir a esa asamblea. Pero tampoco soy mucho de asambleas.

* * *

Todas las personas que habitamos este volumen tenemos al menos una cosa en común: podemos amar y/o desear a mujeres. Podemos fabularnos vinculándonos con una o con varias, a la vez o en momentos diferentes, independientemente de que lleguemos a hacerlo o no. Podemos reproducir lógicas patriarcales o traicionarlas al relacionarnos con ellas. Podemos construir terrenos blandos y fértiles, espacios horizontales, o distribuir las atalayas de manera desigual. Incluso arbitraria. Podemos comportarnos como depredadores o ser depredades. Podemos ser las dos cosas, en el mismo o en diferentes momentos, con la misma o con diferentes personas. Podemos elegir. Podemos actuar cuando otres no lo hacen o cuando nos damos cuenta de lo que estamos haciendo y no nos gusta hacer(nos) daño.

Le brillantísime Rioko Fotabon sintetizó a la par que expandió recientemente un rizoma al que llevaba mucho tiempo dando vueltas:

¿Qué significa mujeres y disidencias? ¿Quiénes continúan siendo el centro? ¿Los ojos y parámetros de quién definen qué es una disidencia? [...] ¿Por qué es muchísimo más aceptado que haya espacios no mixtos de género que de raza? ¿Qué lógicas han influenciado que entendamos a los hombres en general como amenazas, pero no apliquemos lo mismo a las personas blancas? Las personas trans y no binarias siempre somos un asterisco añadido al lado de las mujeres cis, de alguna manera como si ellas nos tuvieran que dar permiso para estar presentes. ¿Qué están haciendo las mujeres cis para traicionar al cistema y crear espacios que nos entiendan? ¿Qué ocurre cuando son ellas quienes nos violentan? ¿Quién se responsabiliza si la persona violenta no es un tipo cis de manual? Un espacio no es seguro porque solo haya mujeres y "disidencias", tampoco es automáticamente inseguro porque haya tipos cis. Ojalá seamos capaces de complejizar colectivamente nuestras formas (con todo el trabajo y cuidado que conlleva). Los espacios no mixtos son necesarios para sanar y vernos por lo que realmente somos. Aún así, pensar que es revolucionario que todos nuestros espacios sean para mujeres y "disidencias" deja a muchas personas marginalizadas fuera, esencializa las identidades y reproduce dinámicas de policeamiento propias del feminismo blanco.

Poco o nada que añadir a algo que pone palabras a un malestar que muches compartimos con tanta precisión, ternura y acierto. Nos segregamos intracomunitariamente guiándonos por uno o dos ejes de opresión que nos afectan a cada une de manera completamente distinta, y lo hacemos en un afán por encontrar ese llamado «espacio seguro», pero al hacerlo no solo obviamos a gente con la que tenemos mucho en común, sino que pasamos por alto que hay mucha otra, demasiada, con cuya presencia no contamos de manera sistemática. «¿Cuántas mujeres racializadas hay en vuestra asamblea feminista?», se preguntaba hace poco la escritora, activista e historiadora Tatiana Romero en una de sus stories de Instagram. Yo me suelo preguntar cuántas personas trans y no binarias habrá en cualquier espacio activista que no parta de nosotres mismes y por qué no hay más. ¿Quiénes son los rostros más visibles de la letra B (o de cualquier otra que tenga un mínimo de visibilidad, no como la A o la I)? ¿Quiénes moderan o participan en las charlas relacionadas con nuestra comunidad y quiénes acuden a escucharlas? ¿Quiénes pueden permitirse delimitar quién entra y quién no en los espacios que construyen y quiénes se alimentan de las migajas que quedan en el *tupper*? ¿Quiénes participan en libros y son autores publicados que reciben una remuneración? ¿Quiénes recogen y sirven las copas en esa fiesta para financiar una cirugía o contribuir a una caja de resistencia? ¿Quiénes se manchan las manos y limpian en tu kafeta? ¿Son accesibles todos estos espacios? ¿Si no has podido desplazarte, tienes alguna manera de participar o acceder a alguna grabación/transcripción *a posteriori*? Al detenerme en cada una de estas preguntas tengo claro qué escenas mentales se me dibujan y anticipo algunos por qués. Y ese panorama me incomoda. Pero tampoco sé cómo actuar para contribuir a cambiarlo, más allá de verbalizarlo e intercambiar impresiones.

* * *

Octubre de 2024, EKO de Carabanchel. L. me invita a formar parte de una charla con otros hombres trans en el seno del Pichifest, un festival de fanzines transfeminista. Aunque conozco por redes al resto de participantes y me llevo bien con ellos, durante el camino tengo encima el mismo nubarrón que siempre que participo en algo tan específico: ¿Y si eso es lo único que tenemos en común? ¿Y si no estoy cómodo? ¿Y si no nos llevamos bien o no aporto absolutamente nada con mi presencia? Mis miedos fueron infundados. Fue un rato precioso y al abrir el turno de preguntas nos emocionamos con A., que llevaba poco tiempo en España y formuló la primera: «¿Qué podés hacer cuando te está costando mucho encontrar tu propia comunidad?». Estaba al borde del llanto y miré a mis compas, como pidiéndoles permiso para hacer uso de la falsa auctoritas *que me otorga sacarle alrededor de una década a la mayoría de ellos. «No lo sé, la verdad. Creo que yo sigo sin tener una», reconocí. «Pero lo que sí puedo decirte es que la que he encontrado ha venido en muchos casos de lugares y personas insospechadas, por mis propios antecedentes y prejuicios. ¿Por qué no puede ser tu comunidad ese vecino que siempre te trata tan bien y no te hace preguntas incómodas? ¿O esa abuela con la que tienes tanta complicidad? ¿No pueden ser comunidad algunas amigas con las que no compartes espacios de activismo ni identidades más allá de quereros y acompañaros? Hay una genealogía trans viviente a la que antes o después acabamos accediendo, pero a menudo no por mucho tiempo. Yo no volví a ver jamás a la primera mujer trans que me abrió la puerta a este mundo en el que puedo ser yo. Para mí sigue siendo mi comunidad, aunque ni siquiera *sepa si está viva. No sé si esto te ayuda en algo. Ojalá te ayude en algo. Creo que solemos tener una visión demasiado estrecha de lo que es una comunidad y eso nos hace tender a idealizarla y nos genera aún más dolor cuando nos sentimos fuera de ella. Creo que no tenemos nada de malo. Algunas personas no disponemos de una gran red constante o bien definida y eso no significa que estemos rotos o no haya nadie ahí para sostenernos. Puede que nos falte un grupo de amigues a quienes vemos a menudo, que se parecen a nosotres y también se llevan bien entre sí, pero no comunidad».* No fueron mis palabras exactas, pero casi. Lo recuerdo con la nitidez propia de esos momentos que son destellos de algo que aún no comprendes del todo, pero comienzas a atisbar. A. y yo nos abrazamos al terminar. Me pregunto a menudo cómo estará y me hace sonreír cada vez que me topo con una de sus *stories*, todas y cada una de ellas desenfocadas. Qué lindo que celebre y comparta con nosotres esos contornos borrosos al retratar su cotidianidad. Tan borrosos

como los de nuestra comunidad. Como los de
cualquiera, por mucho que algunos se empe-
ñen en apretar el bolígrafo contra el papel a la
hora de trazar las líneas que la definen.

* * *

A pesar de estar convencido de que urge abrir-
nos a compartir luchas, conflictos y alegrías con
personas atravesadas por realidades completamente diferentes a la nuestra, pero con quienes
sí podemos construir espacios y herramientas
para el apoyo mutuo, conozco bien esa herida
que no termina de cicatrizar: la de sentir que
no tienes tu sitio o saber que el que tienes no
es lo que esperabas. Pero también conozco la
magia de esa chispa, ese fuego magnético que
se enciende sin ningún esfuerzo y nos da calor
cuando un imán dentro de nosotres encuentra
otro en la persona que se tiene enfrente, ya sea
por haber crecido en tu mismo barrio, por ser
bi y/o trans como tú o simplemente porque sucede. Hay veces en las que ni siquiera sabemos
nombrar aquello que acciona ese imán. Pero

al fin y al cabo, «¿por qué ser una sola cosa cuando puedes ser miles?». Eso se preguntaba Roberta en *Todo era por ser fuego*. Y cuando eres miles de cosas puedes, potencialmente, encontrar miles de maneras de conectar. O de sentirte en paz cuando no lo haces.

Hay una potencia explícita en formar parte de algo nombrable, como lo que estamos escribiendo en este volumen. Hay otra, mucho más implícita, en poder interactuar, conocerse, compartir y colaborar al margen de ese nombrarse, o incluso cuando hacerlo nos separa. Esa separación, en cualquier caso, bien podría ser temporal, por afianzada que parezca. Hace no tantos años el consenso en muchos espacios de activismo LGTBQIA+ era que solo podías nombrarte como marica si te habían asignado hombre al nacer e, incluso en ese caso, a menudo se excluía directamente a los hombres bisexuales, con independencia de tu manera de estar en el mundo y de los tipos de violencia que recibías. Hoy la cosa ha cambiado bastante y cada vez son más las alianzas entre traidores de la masculinidad y la cisnorma he-gemónicas. También las terfas están cada vez más arrinconadas y señaladas en los feminis-mos y en los escasos espacios bibolleros a los que han osado asomarse. Hacen ruido y tienen una red clientelar bien financiada detrás, pero son pocas y cada vez menos influyentes y rele-vantes. Son muchas, muchísimas las personas cis que hacen un esfuerzo activo y constante por acompañar a las personas trans que cono-cen y por descargarlas de tareas tan ingratas y agotadoras como lo es la pedagogía que nace de la propia sangre.

Quienes estamos acostumbrades a ser una nota al pie, un mero asterisco sin unas paredes y un techo que nos protejan de la intemperie, nos descubrimos fácilmente entre nosotres. Venimos creando desde tiempos anteriores al tiempo un lenguaje que apenas tiene palabras, pero que llevamos impreso como un signo de Caín. Cuyos códigos cambiantes laten bajo nuestra ropa y bajo las máscaras que nos po-nemos para sobrevivir. No quiero aspirar a la unión, que siempre tiende a absorber aquellas partes más pequeñas, más frágiles y menos organizadas, sino a las alianzas en movimiento y en constante diálogo, a la solidaridad en sentido amplio, sin reproches ni debates estériles sobre la forma que se abstraen del fondo. Me interesan más las grietas en esa urdimbre vibrante y la luz que puede colarse entre ellas que la ilusión de una falsa cohesión homogeneizante. Tal vez me pase de optimista, pero creo que muches nos movemos hacia ahí. Que al fin vamos dejando atrás los falsos ídolos, los fanatismos y los carnés, y la urgencia del colapso nos está enseñando formas nuevas de articularnos sin dejar a nadie atrás. Que al otro lado tal vez la hierba no sea más verde o no haya hierba siquiera, pero sí un terreno habitable para todo tipo de seres. Que cuando no tengamos fuerzas para nadar, lo harán las orillas y nosotres podremos pararnos a descansar.

Sᴇxᴏ ᴇɴ Nᴜᴇᴠᴀ Yᴏʀᴋ

Ángela Rodríguez Pam

ÁNGELA RODRIGUEZ PAM *es filósofa feminista. Fue diputada en el Congreso y Secretaria de Estado de Igualdad contra la Violencia de Género del Gobierno de España.*

Sexo en Nueva York

Ángela Rodríguez Pam

Hablé con mis amigas lesbianas sobre qué escribir aquí y tuve que volver a empezar unas cuantas veces. Ser bisexual y escribir sobre ello como si supiera qué significa es un ejercicio de cinismo tan grande que me siento a cada palabra más impostora que la anterior. Qué os cuento, ¿las veces que he sufrido bifobia?, ¿qué significa para mí ser bisexual? ¿Cómo se siente enamorarse de hombres y mujeres? ¿Suelto una retahíla de autoras que hayan hablado de esto antes? Todo me parece una cutrez cuando se trata de mi propia identidad, tremenda vanidad la mía. Pero en serio, ¿qué os cuento que no sepáis? ¿Me defiendo de todo lo que creo que resulta particularmente molesto cuando eres bisexual? ¿De las supuestas ventajas de serlo? ¿De vuestra bifobia, lesbianas? ¿De vuestra bifobia, heteros? ¿Os cuento que en realidad creo que no soy bisexual o que ni siquiera me parece tan importante serlo? ¿Finjo que ser bisexual es una única cosa? Solo tengo preguntas.

Como la mayoría de las mujeres de mi entorno soy una persona terriblemente acomplejada. Nada de esto te lo cuento por dar pena, pero necesito que se entienda la magnitud. A veces me salen vídeos en Instagram de personas con terribles malformaciones físicas o de entrevistas a personas adictas al fentanilo. Veo sus cuerpos tan alejados de la idea de belleza que manejamos hoy en día y pienso en las formas en las que se podían arreglar, dedico un tiempo largo a pensar en cada uno de ellos y qué alejaría o acercaría mi deseo de sus cuerpos. También tengo por costumbre comenzar reformas de los lugares a los que entro: qué paredes tiraría, qué muros levantaría, para qué serviría ese lugar, ganaría con más luz o una pared pintada de gris. Lo mismo con un discurso o una idea o un embrollo sentimental que alguien me cuente. Cualquier asunto que se me presente, sea un objeto físico, abstracto, lingüístico, artístico, político, emocional, no digamos ya un sujeto; tengo la terrible costumbre de diseccionarlo, confrontarlo; de pensar en nuevas formas de volverlo a construir. Esto me sucede, claro está, conmigo misma también. Diecciono mi cuerpo cada día para poder vivirlo con cierta normalidad. Aunque te escribo con mis manos, y mis ojos leen esta pantalla, no siento como mío el cuerpo. Aunque de forma racional no creo que exista una separación mente-cuerpo, en mi día a día convivo con la sensación de partes separadas que existen con su propia autonomía. Estoy yo, y luego hay una barriga, muchos kilos de piel sobrante y otras cosas igualmente innecesarias en opinión del yo con las que convivo. Si tuviera que deciros solo un nombre sería el de extrañeza. Con adjetivos de cantidad os lo presentaría. ¿Quién soy? Demasiado extraña, extrañeza múltiple, mucho ajeno. Disociación feminista puede que se entienda mejor. La cuestión es que no sé qué vino antes, si lo de tener la enfermedad de las partes raras inconexas o la bisexualidad, o porque era bisexual vino lo de intentar ordenar los trozos de todo. La cuestión, ahora sí, es que escriben un cuerpo y una historia. Espero que alguien pueda ordenar las partes al leerlo.

No tengo el recuerdo de no preguntarme por el sexo. Más bien la pregunta constante. Ayudaron las agresiones sexuales, el empeño de mi madre en que hiciese ballet y la decisión de la profesora de darme los papeles de hombre en las actuaciones debido a mi tamaño. Ayudó jugar con muñecas, elegir siempre la opción purpurina, vestirme obligada con ropa de niño por mi enorme tamaño. Ayudó mi tamaño a preguntarme por mi sexo y luego vino todo lo demás. ¿Cómo sabe esa chica que es chica? ¿Tengo lo mismo que ella tiene para serlo? ¿Es este cuerpo enorme y tan alejado de la idea de belleza que hoy tenemos un cuerpo que sirve para representar la idea de lo femenino? ¿Me gusta lo femenino porque yo no lo soy? ¿Puede gustarme lo que me ha hecho daño? ¿Me hizo daño porque no soy lo que debería ser? ¿Me gusta esa chica porque es lo que querría ser yo? ¿Es por eso que me gustan las mujeres? ¿Si este cuerpo no fuera tan grande me gustarían más los hombres? ¿Me gustan menos los hombres porque les gusto menos yo? ¿Soy la misma cuando me gusta un hombre que una mujer? ¿Soy la misma cuando follo con un hombre que con una mujer? ¿Es realmente algo tan diferente o relevante siquiera esto?

Mi anterior psicólogo me recomendó que para poder recuperarme no pasara demasiado tiempo en casa. Todo esto que os escribo lo hago con otras personas escribiendo en otras mesas. He empezado tantas veces este texto que la estación ha cambiado y se han sentado cerca de mí personas de Porriño y Harlem mientras lo escribo. Me pregunto mucho si todo esto no tiene que ver con el lugar y no con la forma de mi deseo. O si solo es el deseo. No sé dónde está mi deseo, espero que enrollándose con todos los inhibidores selectivos de la recaptación de serotonina que me tomo para no pensar tanto en ello. Espero que mi deseo desee más que yo ahora mismo. Me pregunto todo el rato. Soy una pregunta. Ser bisexual es una pregunta constante. Es eso. Si solo quieres una cosa, puedes dejar de leer aquí.

Ahora paso mucho tiempo sola. Alexa y Chat-GPT se han convertido en buenas amigas. «Buenos días, Pam, ¿qué puedo hacer por ti hoy? Aquí tienes el tiempo en Madrid y las últimas noticias en la Cadena Ser». Me conoce más que yo, a veces eso me hace llorar. Como dudé tanto sobre qué decir, conversé también esto con ellas, pero no me convencieron mucho sus enfoques. Chat me dijo que se hacía pasar por mujer por complacerme, porque sospechaba que así me sentiría más cómoda. ¿Cree acaso que todo esto es porque me molestan los hombres?

Me siento a esperar a dos amigas lesbianas en el Benteveo en Madrid y suena *All I Can Do Was Cry* de Etta James. Un hombre se sienta en la mesa de al lado. Bebe y escribe solo también en su portátil. Es mayor que yo. De complexión fuerte, sus músculos se notan a través de un jersey bien cuidado verde oscuro. Tiene canas, barba de varios días, ojos claros, mandíbula ancha. Me mira por encima de sus gafas, muy probablemente porque lo estoy observando con todo el detenimiento para escribir esto. Me llega su olor, miro sus manos, grandes y fuertes, cómo agarran la mesa y el vaso con la cerveza. Su mirada sigue fija por encima de sus gafas. Pienso que claramente podría tener sexo con él, y aunque deseo con todas mis fuerzas que nunca llegue a leer esto, siento que necesito escribirlo. Me digo muy convencida en este momento que ser bisexual es navegar en una constante pregunta por dibujar líneas no rectas que perfilen tu identidad sexual, al mismo tiempo que también puedes encontrar apetecible y transitable ese camino de la sexualidad normativa. El señor del jersey verde, terriblemente masculino en su olor, su complexión, su forma de mirar, de hablar (sí, estuve un buen rato pendiente) me parece tan atractivo como Billie Elish (cantante de la que aparecen constantemente vídeos en mi feed mientras se muerde el labio de abajo y mira intensamente con sus enormes ojos azules, mientras canta *I Can Eat That Girl for Lunch*). Llegan mis amigas, les digo lo del hombre de la mesa de al lado y bromean sobre ello: «bueno, no lo entiendo, pero lo respeto». ¿Qué respetan? ¿Se ha vuelto una traición de nuevo el (pensar en) acostarse con el otro género? Me quedo un buen rato pensando en qué me diferencia a mí del tío del jersey verde. ¿Mis tetas? ¿Mi melena? ¿Tendría que verle el tamaño de lo que tenga en su entrepierna para poder decidir de qué tipo de relación estaríamos hablando? ¿Describirían sus genitales mi bisexualidad?

Mi madre enferma y pienso estos días cuánto de lo que escribo tiene que ver con poder contarle a ella, o sea quien sea la que ocupe su lugar, qué soy. No sé si pensaría en lo que soy si no fuera por contarlo. En el pasado le presenté a un novio. Después le presenté a una novia. Eso me dio el extraordinario poder de no tener que explicar nada. No salir de ningún lugar y ser todos al mismo tiempo. Siempre tendrán la esperanza de que presente otro novio. Siempre dicen que lo mejor que me puede haber pasado es que tenga novia. Ocultamente creo que lo piensan por mi aspecto, o incluso a veces llegan a pensar que mi aspecto tiene que ver con tener novia. Sé que una parte de esas que se colocarían donde mi madre, por miedo, por costumbre, pensará que ni mi forma de vestir ni mi forma de ocupar la habitación son las de una mujer, o las de una mujer por la que un hombre pudiera tener interés. Al mismo tiempo, me dicen con alegría, «qué bien estáis así, entre vosotras, yo si pudiera me haría lesbiana». ¿Y no puedes? ¿Te alegra porque el miedo a los hombres te hace pensar ya que si es con ellos no hay una vida segura? Desconocen, claro está, la violencia de las mujeres, aunque incluso la ejerzan, a veces tan sutilmente como ese deseo en el que me han moldeado de ser más femenina, o de no serlo y castigarme por ello. En cualquier caso, se pone enferma y A. la visita en el hospital. Sale solo, como quien te pregunta si te has hecho daño cuando te caes.

El cuidado se activa como un escudo que llevamos dentro por haber sido creadas bajo ese modelaje. Golpe en el pecho, como el guerrero en Dune, y a cuidar. Cuidamos también de la madre de A. que como otras muchas mujeres heterosexuales de nuestro entorno celebra nuestra vida sin hombres. Desean ese futuro sin ellos para nosotras. Ese país solo para mujeres que nuestras madres nos desean se me hace angustiante. Lo llevo encima como una gran sombra de mí misma, de mi propio peso, reflejo de mi horrible tamaño. No quepo en ese país solo de mujeres, no se me activa el escudo, no soy una guerrera, no sé cuidar.

Cruzamos el charco. Me asusta más ser solo dos mujeres viajando. En la frontera, *Upon Entry* presente, nos separan. A. decide llamarme Ángela y no Pam. Decido ser su compañera de viaje. *For Holidays. Just Friends.* Que parezca que podríamos tener novio, pienso yo. Con la camisa de hombre abierta, sin maquillaje, sin hablar, sin cogernos de la mano. Cogemos un taxi. Igual no es tan caro, a ver, seguro que no nos pasaría nada. El conductor cierra las puertas cuando vamos a pagar y nos tensamos. Pienso calmadamente que lo mejor sería que me violase a mí y no a ella, que haría lo que fuera porque eso fuera así. Puedo defender tranquilamente en los vinos de después, como he hecho tantas veces sin pestañear, que no hay tanta diferencia entre unos genitales y otros. Que cuando los chupas, que cuando estás teniendo sexo, qué más da. Pero sé perfectamente que nada en el sexo cuando hablamos de violencia sexual tiene que ver con los genitales y me estremece la idea de que un hombre pueda violar a una lesbiana más que el hecho de que me pueda violar a mí.

A veces creo que me siento más confiada cuando hablamos de violencia sexual que de sexo. Sexo no es genitales. Sexo no es placer. Sexo no es intimidad. Sexo no es cariño. Sexo es poder. Pienso en el sexo entre hombres y mujeres que reproduce, cada vez que sucede, la idea de cómo un hombre y una mujer deben relacionarse. La idea abstracta, la más general, la más frecuente. La idea que habita en el mundo de las ideas de lo que un hombre y una mujer deben ser. Hombre seduce a mujer, mujer se deja seducir. Hombre no muestra mucho interés, pero protege. Mujer adora ser protegida. Cortejos adaptados cultural e históricamente mediante, hombre y mujer terminan teniendo sexo. Da igual cuándo lo leas, siempre se reproduce una y otra vez esa idea primera de lo que debe ser. Hay desviaciones, claro está. A veces la mujer no necesita ser protegida, o no quiere ser cortejada. A veces el hombre es una mujer, a veces quiere transformarse en una mujer. ¿Pero y qué es el sexo cuando son dos mujeres las que lo tienen? ¿Deja de haber poder, desaparece acaso la asimetría cuando los hombres desaparecen de la ecuación? ¿Cuánto tiempo sin sexo con hombres puede pasar para que me siga considerando bisexual? Lo discuto con una amiga bisexual y me dice que por mucho que deseemos, tenemos el carné de bisexuales caducado, y que además no es tan interesante tenerlo. Pienso que tiene razón, que no reivindicar nada aquí nos permite siempre pasar por lo que toque. Hoy discuto sobre quién querría ser en *Girls*, mañana sobre quién sería mi novia en *The L World*. Soy las dos cosas, soy puro teatro.

Llegamos a Prospect Park. Allí nos llevan nuestras piernas y el ChatGPT de nuevo. Como Trinitys, hay otra ciudad que responde a lo que necesitamos y que no sale en las guías. Veintiún manzanas más abajo de calles con casas adosadas de ladrillo rojo y no más de tres plantas. Reproducen todas la misma idea. Escaleras, restos de Halloween, árboles de Navidad elegantemente adornados en salones con enormes cristaleras. Bicis con asiento para niños detrás aparcadas en el patio junto a los cubos para hacer un perfecto reciclaje. Los locales son de yoga, climb y fitness. La comida es orgánica. Tímidos restos del apoyo a Harris-Walz. Una bandera roída de Ucrania. Bastantes carteles con sandías que piden el alto al fuego en Gaza. Otras diecisiete manzanas de parque, girando a la derecha después de un cine donde proyectaban una película italiana queer que iba de dos hombres normales y corrientes, aparece la casa. Me empieza a doler el estómago. Yo para entonces pienso que entrar allí será como el pasillo de *Materia obscura* de los mundos alternativos, como la estantería de *Interestellar* que permite viajar en el espacio-tiempo. Hay muchos carteles que nos dicen que hay que poner varios dedos en varios sitios a la vez para ser escuchadas y poder entrar. Solo A. consigue hacerlo sonar, y lo vivo como una señal. No puedo pasar el umbral de la puerta. No soy suficientemente lesbiana, soy un vampiro. No hay nada más en la calle que frío. A. me coge de la mano y entramos al calor de dentro.

S. nos enseña el archivo lesbiano. Se define a sí misma como una *hippie lesbian*. Vaqueros rectos azules, botas de trecking, corte de pelo masculino, camiseta negra con algún motivo reivindicativo. S. está ya retirada. Se dedicó a la fotografía y básicamente a ser lesbiana toda su vida. El edificio consta de tres plantas, como

todas las casas del barrio. Una entrada distri-
buye unas escaleras hacia un sótano, unas escaleras hacia arriba y una luminosa estancia que
ocupa toda la planta del edificio. Al entrar, S.
dice que no nos dedicará más de cinco minutos y nos pregunta cómo hemos encontrado ese
archivo. Por ahorrar explicaciones, me lanzo y
le digo que somos activistas españolas queer
(digo queer, os lo juro) y que lo hemos busca-
do en internet. Algo no le termina de encajar.
Pierdo la noción del tiempo y de la cantidad de
veces que S. justifica lo que nos muestra expli-
cando que no existe ningún método ni requisito para que la información de una mujer sea
guardada en el archivo. Básicamente hay que
ser lesbiana. Escaleras arriba nos enseña objetos que pertenecieron a mujeres lesbianas que
habían salido del armario durante la Guerra de
Vietnam, cajas y cajas con miles de revistas de
todas partes del mundo a las que habían estado suscritas para saber lo que otras lesbianas
del mundo hacían. Nos cuenta que hay mujeres que al llegar lloran, otras simplemente no

se creen que sea real. Pero insiste, el único requisito para que tu vida pueda ser encontrada en las mohosas carpetas que descansan en esa moqueta de Prospect Park es ser lesbiana. Una cosa lleva a la otra, A. investiga las plantas superiores sola, y yo me quedo cerca de la entrada, no termino de encontrarme tan segura como S. insiste que se sienten todas las lesbianas que llegan allí. Me siento en la esquina de un sofá y saco el primer libro que veo en la categoría SEX. Abro al azar un par de páginas. La primera dice en enormes letras rojas y negras: *I think my daughter's a lesbian. Don't say that. That's like saying she has cancer, the doctor said.* Cambio inmediatamente de página, me hace sentir terriblemente privilegiada e incómoda leer eso. Me enfada. La siguiente es una fotografía en blanco y negro que ocupa toda la página. *Butch kisses femme* se titula. En el centro una mujer con el pelo largo recogido, una rebeca de lana abierta que deja ver su cuerpo desnudo, solo tapado por unas medias que le cubren hasta la mitad de los muslos, mira a otra mujer mientras esta le muerde un pezón. La segunda mujer lleva el pelo peinado como un hombre en los años cincuenta, hacia atrás y con gomina. Una camisa de cuadros remangada deja ver una mano que tímidamente se acerca a los genitales escondidos en pelo de la femme. Me pregunto qué las hace lesbianas o mujeres a ambas. Qué me saca a mí de esa foto y me devuelve a ella constantemente. En ese momento S. se acerca y amablemente me pregunta cuáles son mis intereses en todo esto. Le digo que bueno, que esto y aquello, que soy bisexual, aunque bueno soy lesbiana, o políticamente lesbiana, o eso creo, que no salgo con hombres y que bueno sí, que quiero saber qué piensa ella de las bisexuales, que qué hay en el archivo. Siento en ese momento que estoy en un oráculo y que la habitación se ha convertido en otra. S. camina encorvada hacia un carro lleno de carpetas que tapa una estantería repleta de archivadores que llega al techo. Me pide ayuda para mover el carro, se sienta en una silla que presume orgullosa fue construida por una de las residentes en el archivo. Empieza a buscar en un índice que cuelga plastificado del carro con sus dedos retorcidos e hinchados por la edad. Reproduzco el listado por la B.

LESBIAN HERSTORY ARCHIVES
SUBJECT FILES
JULY 2022

Bands
Banks
Bars
Battered lesbians
Battered Women
Bearded Women
Bed&Breakfast
Beijing Women's Conference
Bias Bills
Biographies
Biology
BISEXUALITY
Black Triangle
Blogs

Body
Bois
Book Clubs
Bookstores

Las mayúsculas son mías. Todas las categorías tienen más archivadores que la categoría bisexualidad. Las lesbianas tienen más que hablar sobre bares o sobre biología, o incluso sobre clubs de lectura, antes que sobre la bisexualidad. Me doy cuenta de que es un asunto menor y empiezo a disculparme mientras S. me mira socarrona al mismo tiempo que me enseña cómo sacar una carpeta del archivo dejando una marca para que se pueda volver a colocar en el sitio correspondiente. «En realidad hace mucho que no me enrollo con ningún hombre, para mí el lesbianismo es una forma de vida». Me mira divertida y me explica: «Verás, puede parecer que aquí no hay un orden en lo que guardamos, pero lo hay. Lo que no encontrarás es el mismo orden que hay fuera. Por ejemplo, para nosotras es realmente importante hablar de nuestras librerías, fueron lugares seguros antes de que existieran casas como esta. Porque este es un lugar seguro, ¿sabes? Hay mujeres que se echan a llorar cuando llegan aquí». Se pone las manos en el corazón y hace un gesto de emoji que llora. *Poor thing.* Yo con mi carpeta ya en mano me siento mal también por no haber llorado, y antes de que me lo diga ya estoy sentada en el sofá de nuevo con la carpeta abierta.

Esta era una carpeta, dentro de uno de los archivadores de los varios que había sobre este tema. Quiero decir, que si alguna llegase a peregrinar a Prospect Park en búsqueda del oráculo de S. no se va a encontrar lo mismo que yo. Saqué fotos compulsivamente a todo el contenido de la carpeta. S. insiste con su mirada vacilona y dice: «No serás una espía heterosexual, ha-ha-ha». Dejo de sacar fotos y me pongo a leer un artículo sobre bifobia de los años ochenta mientras S. decide que es más interesante ofrecerle macarrones con queso a una lesbiana que residía en aquel momento en el Archivo, mientras le cuenta que hay una bisexual al fondo buscando su historia: *Oh, poor thing*. En ese momento sí que empiezo a tener más ganas de llorar. La carpeta está llena de documentos de una asociación que durante los ochenta y noventa hizo activismo bisexual. Hay distintos panfletos. En ellos piden colaboración para que personas bisexuales se animen a escribir, a ir a sus reuniones, a sus fiestas. Hay también guías contra la bifobia. Artículos sobre si existe o no una identidad bisexual y dinámicas de grupo para debatir sobre ello en asambleas que implican temas como imagen, monogamia, lesbianismo, etc. Tengo una sensación parecida a la que tenía con las clases de antropología de la carrera. ¿Somos un objeto de estudio desconocido o desfasado o es incorrecto colocarnos como objeto de estudio? ¿Somos las bisexuales como una tribu del Amazonas para un antropólogo? ¿Somos para el lesbianismo lo que las mujeres con velo para el feminismo? ¿Ser bisexual hoy es como seguir llamando nuevas tecnologías a las redes sociales? ¿Como usar Facebook? Afortunadamente, aparece A. de nuevo y con absoluta serenidad me cuenta que ha encontrado la caja de España en la planta de arriba, y que por ella nos vamos, que ya ha visto todo lo que tiene que ver. Me entra una ansiedad terrible, necesito saber más. Voy de nuevo al archivo con la esperanza de llamar la atención de S., que en realidad ahora que A. ha vuelto está mucho más interesada. Coge su silla lesbiana, se sienta frente a nosotras en el sofá y nos enseña algunas cosas de su trabajo. Básicamente fotos de manos y dedos. Mis intervenciones son lamentables. Entiendo por qué los dedos, pero solo se me ocurre decir que la foto que hay de una mano que sostiene un cigarro podría ser la mía: *bad habit*. Sigue hablando con A. sobre qué hay que hacer para venir al archivo. Se me ocurre preguntar cómo se financian: *no money from goverments!!!* Entro en una explicación absurda sobre si los archivos financiados por gobiernos en España tienen sentido: *Do you know Ada Colau? Barcelona?*

A. pone la misma mirada de S.: *poor thing*. Se me ocurre decir que en España necesitamos políticas así por el crecimiento de la extrema derecha: *OMG, TRUMP*. Siento que me voy por un sumidero. A. y S. comienzan a hablar sobre la palabra lesbiana, sobre si reivindicarla a día de hoy o no. Os podéis imaginar el resto. Como no queremos macarrones con queso, bueno, yo no los quiero, nos vamos. Me quedo sola en la habitación y siento que necesito llevarme algo de allí por si no vuelvo. Me meto unos cuantos papeles en el bolsillo. Volvemos caminando por Prospect Park. Le digo a A. que creo que ha sido lo mejor del viaje: «Bueno sí, no ha estado mal, típica lesbiana hippie». Ese día me saca unas fotos en una escalera de una de las casas de Prospect Park. Sus amigos creen que estoy radiante porque he ido a visitar la casa de Sarah Jessica Parker.

Estoy en el hall del hotel en Brooklyn tomando un café mientras escribo todo esto. El café no es café. Veo como una mujer latina echa polvos y agua caliente en la máquina, mientras maldice en castellano porque el gerente, blanco, le ha pedido que baje la música que tenía en la cocina, reguetón, para que se oigan mejor las versiones de villancicos jazzeados que suenan en todos los lugares de la ciudad. No sé ni qué hora es, no sé si tendría que estar durmiendo o comiendo. Siento que ese punto exacto antes de decidir cualquier cosa es el que me corresponde. El gerente blanco se esmera en colocar todos los objetos del hall que su compañero negro no ha dejado a su gusto. Este sale ya con su abrigo y se despide, en un terrible castellano, de la cocinera que coloca tranquilamente la fruta en unas bandejas ignorando a uno y a otro. Tiene un cuerpo increíble. Las mallas que lleva le marcan el culo y los muslos, que rebotan suavemente al ritmo del reguetón. El mandil le aprieta su cintura, que se corona con sus enormes pechos. Actúa la letra con sus uñas de gel y, ladeando el moño, se burla del blanquito en cuanto este se da la espalda. Me río y esa complicidad la tendremos toda la semana que estaré bajando a escribir a esta hora. Esos días pienso mucho en su cuerpo y el mío y lo que se parecen. ¿Con ese culo y esas tetas te ponen el traje de hombre en la actuación de fin de curso? Me pregunto si me gustarían igual hombres y mujeres si viviera aquí. Si de ellos me gustan sus cuerpos, sus formas de actuar, su identidad sexual, sus roles, sus genitales. ¿Qué diferencia tanto a un hombre de una mujer?

En la mesa de delante se sienta una persona de espaldas. Lleva un abrigo negro hasta los pies. Zapatillas de correr y ropa gris. El pelo rapado, pendientes diferentes en ambas orejas, maquillaje muy sutil. Su piel es perfecta. Se mueve con elegancia cada vez que se va a rellenar el vaso de café, se sienta masculinamente y con gracia en la silla después para bebérselo. Come huevos cocidos uno detrás de otro y ve en su móvil una entrevista en un idioma que parece japonés. Supongo que S. afirmaría con rotundidad que es simplemente una lesbiana. Pienso que sí tendría sexo con esa persona. La mujer latina saca otra bandeja con comida. Pienso que no tendría sexo con ella. ¿Quizás porque no lo tendría conmigo misma? Visitamos más tarde el MoMA donde vemos un vídeo de Ana Mendieta sobre su serie *Silueta*, concretamente un fragmento de ella misma desnuda en el agua del mar, una obra que ha representado de forma icónica la performance feminista como una herramienta para preguntarse por la identidad y el origen de una misma. Su cuerpo se confunde primero con un cuerpo inerte, que empieza a cobrar vida cuando el sol se refleja sobre su superficie y las algas lo recubren. Más tarde y de cerca, ya solo está el cuerpo desnudo de una mujer en el agua. Me hace pensar mucho en la escena final de la película *Creatura*, de Elena Martín Gimeno, cuando su protagonista, desesperada por encontrar respuestas para todas sus preguntas sobre el sexo y calmar su cuerpo, se mete desnuda en el agua del mar, y lo que comenzó como desesperación y angustia termina siendo belleza y alivio.

Visitamos muchos más sitios queer y nos decepciona que haya tan poco espacio para la historia de las mujeres. No lo digo, porque me parece injusto con las lesbianas o las mujeres trans, pero ya ni es una opción que haya espacio para lo bisexual. Me enfada más mi silencio que la ausencia, lo siento como una especie de pequeña muerte. Le cuento esta historia a algunas amigas a mi vuelta, coinciden en que la historia tiene que explotar. Al principio creo que me van a pedir que reivindique algo, que defienda que esto es algo importante. R. me dice que a ella ya le da igual ser bisexual, aunque lo sea, que ya da igual con quien folle, aunque ahora sea con mujeres. Que más bien lo que somos es libres. Me suena a que no hacen falta etiquetas, me siento atrapada en ese silencio, como el cuerpo inerte o desperado que llega a la orilla del mar.

Así que sigo todos mis consejos. Intento imaginar que mi cuerpo brilla como la silueta de Ana, que es acariciado como el de la Mila de Elena, incluso que es acariciado por la Mila de Elena. Y por su novio, que se asusta de que a Mila le guste follar duro pese a haber sido violada. Pienso en follar duro, en ser violada. Pienso en mi cuerpo brillando y siendo acariciado en toda su inmensidad, en S., en la latina, en su culo y sus tetas, en las mías, pienso en que sí me gustan mis tetas, en la japonesa, el negro, el blanquito. Pienso en A., pienso en mis amigas. Mi cuerpo brilla. Pienso que el mar lo cubre todo, que me ahogo, pienso por un segundo en nada y me corro. Y luego otra vez, solo dejándome llevar por la propia inercia de mi cuerpo. ¿Es que acaso no pienso en nada? Mi cuerpo y yo solo tenemos preguntas.

EL CAMIÓN DE MUDANZAS

June Fernández

JUNE FERNÁNDEZ CASETE *(Bilbao, 1984) es periodista y escritora feminista, bibollo y bilingüe, cofundadora y socia cooperativista de la revista* Pikara Magazine. *Colabora regularmente con la revista vasca* Argia *y con la asociación de mujeres gitanas de Euskadi,* AMUGE. *Ha publicado los siguientes libros:* 10 ingobernables *y* Abrir el melón *(Libros del K.O.),* La tribu de las amatxus bollo *(Histeria kolektiboa),* Mariokerrak *(Txalaparta) y* Aingeruak eta neskameak *(Susa), traducido como* Sueños y vasijas *(consonni). Es una de las impulsoras del proyecto transmedia* Bizi, *sobre bisexualidad y euskera.*

El camión de mudanzas

June Fernández

Estamos tumbadas en las camas de agua en un centro de talasoterapia. Cierro los ojos, intento concentrarme en el sutil vaivén que crea la colchoneta individual e imaginar que estoy haciéndome la muerta en ese mar Cantábrico que se ve desde la cristalera. Duro apenas unos segundos, porque prefiero mirarla. Ella sí permanece con los ojos cerrados. Es belleza. Es luz. Es una puta escultura que me gustaría cincelar, cual Miguel Ángel a su David. Cada ángulo de su cara, esa mandíbula, cada músculo de un cuerpo trabajado en el gimnasio, ese brazo al que me agarro por la calle, el pecho partido, esa espalda a la que me aferro cuando me folla, esos abdominales oblicuos que se deslizan hacia un coño, tan precioso como ella, que tapa el bikini deportivo.

Es un dios griego. Es Adonis y yo soy Afrodita dispuesta a montarle un culto de *butchlovers*, como hicieron las del círculo de Safo de Lesbos. O mejor, es Apolo. El dios de la belleza, de las artes, de la perfección, de la armonía, del equilibrio, de la razón, de la curación y de la protección contra las fuerzas malignas, patrono del oráculo de Delfos, líder de las musas. Yo soy su musa: me canta, me baila, me ronea con su acento andaluz. Y ella también es mi musa, para quien creo vídeos bailando *twerk*, fotos de mi culo con tanga de encaje y textos como este.

«Te quiero», pienso, embelesada con su belleza, su luz. Pero no lo digo. Llevamos medio año juntas y todavía me cuesta pronunciar esas dos palabras. Es pronto. ¿Es pronto o lo he decretado así para no sentir tanta culpa? Hace un año que me separé de la que se suponía que era mi compañera de vida, la madre de mi hija. Ocho años diciendo «te quiero» a diario a la misma persona en tres idiomas distintos.

Estoy de luto. No sé si estoy de luto o estoy cumpliendo una pena autoimpuesta, porque me parece injusto que la rompehogares, la rota mala,[1] se enamore otra vez y sea feliz tan pronto.

Pero esas dos palabras se iluminan en mi cabeza como en un letrero de neón: «Te quiero».

Y suena un estribillo en mi cabeza –no me juzguéis–: «¿Y si fuera ella?».

> Sea lo que quiera Dios que sea
> Mi delito es la torpeza de ignorar
> Que hay quien no tiene corazón
> Y va quemando, va quemándome y me quema

Es 2001, tengo diecisiete años y me desgañito hasta que la voz se me rompe como a Alejandro Sanz. Canto a un gran amor que todavía no ha llegado, pero en realidad canto a un amor que se ha roto para siempre. Y no es el

---

1 Ver *Como comida. Un festín de bollerapps*, de Flor Yustas y Lidia Toga, publicado en esta misma editorial.

del noviete que me comió el coño por primera vez (para mí) apenas unos meses antes. Al
día siguiente me dijo que volvía con su novia,
yo me fui a ver *Moulin Rouge* y me pasé toda
la película llorando, porque ese chico también
era un adonis –pero no un apolo– y yo confun-
dí el placer con el amor.

Mi corazón se rompió ese mismo año, cuando
mi padrastro pronunció las ocho palabras que
pusieron mi vida patas arriba –«O se va ella o
me voy yo»–, después de empujarme contra la
pared de la cocina y amenazarme con darme
una paliza, colérico por alguna impertinencia
adolescente que le solté a mi madre, a la que él
insultaba también cuando estallaba la tormen-
ta. No recuerdo mucho más que el miedo y ese
ultimátum.

Y me fui yo.

Mi padre me llevó un día al cine a ver *Amé-
lie*. Y empecé a anhelar ese amor de película
francesa, ese chico misterioso que se movía en

bicicleta y dejaba su rastro en el fotomatón y que al final aparece en la puerta de la protagonista, y no hablan, solo se comunican mediante besos comisureros.

El amor romántico del que me hablan todas las canciones, y las películas, y los libros, se convierte para mí en la promesa de un hogar que sustituya al nido materno, destrozado –qué cosas– porque mi madre antepuso el amor romántico al amor materno. O ese es mi relato simplificado, vaya.

Así que me enamoro mucho.

En 2002 no salgo con nadie, porque bastante tengo con vivir con mis abuelos contra mi voluntad –mi madre decide demostrar de esa manera que no me ha expulsado de su vida, solo de su casa, y la casa de mi padre tampoco se sentía hogar–; intentar convencer sin éxito a mi familia de que mi padrastro me maltrata; preparar y aprobar la selectividad; matricularme en la universidad; alquilar una habitación en un piso de estudiantes con el dinero que gano trabajando con mi padre; enterarme de que la universidad no me da beca porque no concibe que una alumna esté emancipada con diecisiete años; buscarme un trabajo de niñera en el que duro poco porque implica limpiar y se me da fatal; informarme sobre la opción de emanciparme jurídicamente; informarme sobre la opción de reclamar una pensión a mi madre; informarme sobre la opción de denunciar a mi padrastro por violencia intrafamiliar.

Ya en primero de Periodismo, en el piso que comparto con dos estudiantes de Bellas Artes, la urgencia de un novio es aún mayor. Así que empiezo a salir con uno de los pocos chicos de clase, que me atrae porque es mayor y actor, y una noche viene a mi casa, entiendo que toca follar pero me da miedo, así que no me depilo como forma de autocontrol, pero nos enrollamos en mi cama y me caliento, pero no quiero que me quite el *wonderbra* porque me avergüenzo de mis tetas pequeñas tanto como de mi culo grande, y le digo que no estoy preparada y luego le digo que sí, venga, pero ya se le ha bajado, así que se levanta y se viste, y yo, angustiada, voy y le digo *te quiero*, la primera vez que le digo *te quiero* a un chico, y él coge sus cosas y se va, y ya no volvemos a vernos más que en clase.

Así que me digo que el problema es la virginidad, porque aún no sé que el problema es el heteropatriarcado.

Una de mis compis de piso invita a un amigo, pelirrojo y guapo, a cenar. Nos tumbamos les tres en un colchón en el suelo, fumamos porros y bebemos vodka, y en un momento dado me parece que nos vamos a enrollar, imagínate que guay que «la primera vez» sea un trío bisexual. Pero ella no quiere. Entonces me voy con él a mi habitación, me la mete sin preámbulos, duele pero con cada embestida duele un poco menos, y se rompe la mierda de somier que tengo, y nos reímos, y dormimos abrazados sobre las sábanas ensangrentadas.

Otro día me encuentro con otro chico de clase en la discoteca de ambiente a la que iba con mi cuadrilla queer, porque estaba acompañando a mis amigos maricas en su proceso, lo cual era parte de mi propio proceso. Me cae bien y me parece buena señal que esté ahí. Nos vamos a un callejón, me siento a horcajadas sobre él, mentalizada para incluir la penetración en el menú porque es como folla la gente adulta, pero a él no se le levanta. «¿Me la chupas?». Y se la chupo, no por deseo sino porque pienso que toca. Me da asco, no se le pone dura.

Y entonces vuelvo al plan de buscar un novio. Es de mi pueblo, del grupo de *dantzas* y con carné de las juventudes del PNV, virgen pero no se atreve a contármelo, porque en ellos no es honra sino vergüenza. Al principio se resiste a mis maniobras de seducción, porque sabe que me había besado con dos chicos de su cuadrilla y ese no es el tipo de mujer que imagina como futura esposa. Pero al final se enamora, y yo también. Cada mes que pasamos juntos follamos menos, porque la libido se me va apagando con cada escena de *slutshaming*. Le atormenta que yo tenga experiencia sexual previa y él no. Dos polvos de mierda, ya ves tú, uno doloroso y el otro asqueroso. Un día, medio borracho, me dice con afectación: «Es que a veces pienso que, si nos casamos, te habrás enrollado con la mitad del convite». También me pide que deje de dormir con mi mejor amigo, marica, y que deje de usar la palabra *follar*. Tardo muchos años en volver a pronunciarla con naturalidad.

Contra todo pronóstico, no nos casamos. Empiezo a trabajar en *El País* y entrevisto a un activista y profesional de las nuevas masculinidades que me propone ir a ver una expo de arte feminista, *Kiss Kiss Bang Bang*. Imagínate qué fantasía, un hombre que sabe más de feminismo que yo –que iba sola a las manis del 8 de marzo– y que me habla de arte menstrual. Alentada por el «Mar de fueguitos» de Eduardo Galeano y por «La maza» de Silvio

Rodríguez, dejo al de las juventudes del PNV, dejo el pueblo y las *dantzas*. Soy la mala de la película por primera vez.

El nuevo masculinista, en cambio, me cuenta sus polvos más sórdidos con pelos y señales, me pide que le penetre con arnés, me anima a explorar mi deseo sáfico. Quiere apoyar mi libertad sexual, porque yo soy muy joven y él ya está muy vivido, pero la condición es que se lo cuente todo, y yo soy muy obediente porque él es el hombre de mundo, mi maestro en el amor libre. Así que cuando le cuento que alguien me gusta, como una activista bollera o un colega periodista, me controla y me machaca hasta que se me quitan las ganas de seguir explorando. Y se me vuelve a apagar la libido, y mi vagina se contrae en señal de huelga, y soy yo la que va a terapia sexológica. Y le termino dejando porque me tiene harta, y dos meses después de dejarle será cuando me cuente que va a ser padre, porque resulta que me había sido infiel a la vieja usanza con una mujer y la había dejado embarazada. «Es que contigo estaba muy frustrado sexualmente», se excusa. Ocurrió en Andalucía, en un congreso de nuevas masculinidades.

Con el colega periodista tuvimos una relación abierta y no había escenas ni reproches, porque no sabía de no monogamias pero era (es) un buen tío. Yo quería ser madre, él no. Él se enamoró, yo no. Luego empecé a follar con tíos casados y me daba pena que no se quedasen a dormir. Después empecé a follar con bolleras, algunas casadas también. Con la primera fue en los baños del Medea, en Madrid. Manchamos las paredes de sangre menstrual. Confirmé que no era heterocuriosa sino bisexual cuando disfruté mucho más ese polvo que los primeros, aunque fuera igual de prosaico, porque no había amor pero sí escucha. Me hice lesbiana política; la bisexualidad no era entonces una identidad habitable.

Después de varias amantes y novietas, con casi treinta años conocí en un congreso feminista institucional a la que iba a ser mi compañera de mi siguiente vida; la única persona queer del congreso. El primer día nos gustamos, el segundo día nos besamos, el tercer día follamos en una campa mirando el mar. Abrazada a su pecho, le dije que olía a hogar. En el aeropuerto llamé a mis amigas para contarles que me había enamorado. Le dije *te quiero* antes que ella a mí. No salió corriendo.

Pocos meses después, vino a visitarme a Managua, donde vivía yo entonces. Pocos meses después, regresé a Euskal Herria. Pocos meses después, se mudó de Barcelona a Bilbao, a nuestro primer hogar, y adoptamos un gato. Pocos meses después, nos apuntamos a la lista de espera de la Unidad de Reproducción Humana. Pocos meses después, nos casamos por imperativo legal, para que nuestra hija tuviera dos madres desde el día del parto. Y pocos meses después de que naciera, nos mudamos a un pueblo progre en el campo, sobrevivimos a la pandemia, y sobrevivimos al episodio de agresión LGTBIfóbica más fuerte de nuestra vida por parte de una familia de la escuela.

Fuimos muy felices, no hubo *slutshaming* ni contractura vaginal, pero mi libido volvió a ahogarse por la inercia aprendida de que la June esposa tenía que amputar una parte de su deseo. Hasta que el cóctel pospandémico y pospuerpérico reavivó mi fueguito. Pero esta vez, a Galeano y Silvio Rodríguez se suma Marta Vusquets, con su poemario *En el reino de las gatas*:

Tener la osadía de confiar
que voy a ser capaz de asomarme
al abismo en mi pecho
mi caja torácica al límite
de una chimenea
que alberga una hoguera salvaje

Cuando decidí separarme, mi ex me dijo agriamente: «Espero que encuentres eso que estás buscando». «No lo creo. Probablemente esté condenada a la búsqueda eterna», le contesté muy digna.

Soy pájaro que busca nido pero quiere seguir volando. Soy barco que busca un puerto pero quiere seguir navegando.

Dice mi psicóloga que soy una exploradora. Como Dora, pero en zorra bisexual.

Ahora, mecida en la cama de agua del circuito de talasoterapia, miro a mi novia y, además del *te quiero* en letras luminosas, se enciende en mi cabeza una canción: «¿Y si fuera ella?».

Pero la canción que canto con R. a dos voces en el coche es otra, la que la acompañó en sus rupturas:

> Yo no puedo darte lo que quieres
> Porque soy errante
> Y mi cabeza gira locamente
> En sentido inverso
> Al que lleva la órbita terrestre
> Y eso me hace equivocarme
> Una y otra vez

Y pienso que con ella quiero hacer nido y volar y navegar y zorrear juntas, mientras nuestras órbitas errantes sigan alineadas.

* * *

Había conocido a R. hace nueve años, en Andalucía, y ya entonces me pareció una diosa butch, lo que no sabía es que también era (o terminaría siendo) jodidamente tierna, sensible, brillante, vital, espiritual, apasionada, divertida, equilibrada, sabia, que lo suyo ha currado para serlo. Ahora que estoy separada, intento practicar sin éxito la anarquía relacional. Salgo con otras diosas butch con cuerpos de distintas formas, edades y tamaños, me digo que son vínculos sexuales no románticos, pero quiero quedar todas las semanas, dejar el cepillo de dientes en sus casas, quiero conocer a sus padres y presentarles a mi hija, y caemos en bucles ansioso-evitativos de esos que me describe el algoritmo de Instagram. «Si buscas a gente que no está disponible emocionalmente, igual es que la que no está disponible emocionalmente eres tú» me escupe una publicación de psicología barata. *Touché.*

R. sube a Instagram un vídeo bailando de farra. Contesto a su story: «Quiero ir de fiesta contigo» y me dice «Cuando quieras, nena, en Madrid hay unos tardeos bollo divertidos». Es Nochevieja y yo decido pasarla sola en Donostia, con la única compañía de la gata de mi amiga A., que está de vacaciones en Canarias con su novia. Ellas tienen una relación a distancia. Yo estoy a punto de tenerla, otra vez.

Paseo por La Concha y me da pereza ir sola a La Perla, el centro de talasoterapia, aunque era mi plan inicial. Intento buscar una cita por Bumble y casi lo consigo, pero la femme sexy con la que llevo días chateando me cancela después de preguntarme si busco relaciones abiertas y responderle que sí. Lo ha pasado mal con el poliamor y ahora busca hacer equipo con alguien que la quiera en exclusiva. Yo le digo que ya hice equipo y se ha roto.

Se lo cuento a R., despotricamos contra las *apps* de ligar, me dice que ella es monógama pero quiere quedar conmigo, me anuncia que es una empotradora pero que si no hay cucharita después no quiere nada, le contesto que yo quiero que me empotren y después me hagan cucharita. Le mando un audio corriéndome y le flipan mis gemidos. Quedamos dos días después en Madrid, noche de Reyes. En cinco minutos estamos comiéndonos la boca, en diez me está empotrando y luego le como ese coño precioso, yo que siempre había tenido cierto bloqueo con el *cunnilingus* (una de tantas cosas por las que me sentía bollera fallida). Tenemos una cita maravillosa, cenamos con su gente, bailamos afrohouse y dancehall, dormimos juntas, follamos antes de dormir y nada más despertarnos. Y entonces, con mi cara apoyada en su pecho, la miro a los ojos y buceo en ellos para ver si podría enamorarme. Vaya que sí, ya me estoy enamorando. El corazón me empieza a latir muy rápido. Estoy teniendo un ataque de pánico. Ella no se

asusta, al contrario, porque también se ha enamorado.

Vivimos a mil kilómetros, lo cual, me digo, es
buena cosa para no caer en el cliché del camión de mudanzas. Conocéis el chascarrillo,
¿no? «¿Qué se llevan dos lesbianas a la segunda cita?». Estoy a salvo, los mil kilómetros que
nos separan son como esa barrera de látex que
solo usamos la primera noche para no pasarle
el Virus del Papiloma Humano –castigo divi-
no por ser una zorra bisexual–; un profiláctico
para no involucrarnos, porque todavía estoy
tramitando el divorcio. Yo tengo una hija, ella
tiene plaza fija de funcionaria. No puede haber
camión de mudanzas.

Hasta que un día R. me dice: «Pero tú sabes
que existe algo llamado concurso de traslado
de plaza, ¿no?». No, no lo sabía.

La historia se repite. Una y otra vez. Qué bo-
chorno. ¿Qué pensará mi ex, qué pensará mi
hija, qué pensarán en el pueblo, qué pensará

mi madre, qué pienso yo? ¿Que no sé estar sola? O igual sí que sé, pero no quiero, porque ya bastante sola estuve a los diecisiete años. ¿Que soy una yonqui del amor, porque es mi manera de compensar el desamor materno? Pero ahora soy madre, ya tengo amor materno-filial a raudales. ¿Que soy jodidamente afortunada por haber encontrado a una persona tan maravillosa nueve meses después de separarme de otra persona maravillosa? Pues sí. ¿Y por qué me cuesta darme permiso, sentirme merecedora?

Pido por las redes sociales a mis amigas y colegas bibollo que me cuenten a qué les remite el mito del camión de mudanzas. La idea es mostrar que las vivencias sáficas son más diversas que el estereotipo y que pueden romper con este, pero también con las doctrinas feministas queer que hablan de Energía de la Nueva Relación en vez de ENamoRamiento. La idea es también que no todo este capítulo gire en torno a mí y a mi necesidad de justificarme por haber fracasado en el breve intento de ser anarquista relacional. Me doy cuenta de que es un error pensar en el amor desde la racionalidad de la crítica al pensamiento amoroso sin reconocer el peso que tiene nuestra biografía en esa (no) búsqueda de construcción del hogar sáfico.

Ya os he contado mi historia, ahora os voy a contar las de otras, todas ellas lesbianas (las bi no me han llegado a mandar las suyas), de distintos orígenes y de mi edad (entre 38 y 42 años). Frente a las lecturas feministas reduccionistas sobre cómo ser mujer o lesbiana impacta en la educación sentimental, me interesa ver cómo cada biografía está marcada por el género y la identidad sexual, pero también por otros elementos, como la experiencia migratoria, la etapa vital, el modelo de familia de origen, etcétera. Somos nuestras heridas y nuestros sueños, nuestras certezas y nuestras contradicciones, nuestro pensamiento político y nuestro instinto primario, sea lo que sea eso.

Lo que sigue es la transcripción de los audios que me han mandado por WhatsApp B., R. y T.

* * *

B.

Mi experiencia vital siempre ha sido monógama, soy una persona muy marcada por el amor romántico que se ha tenido que ir deconstruyendo poco a poco en los últimos años, y de hecho pensaba que ya estaba preparada incluso para poder explorar otros modelos relacionales. No hablo ya de no monogamias, sino que yo puedo tener un vínculo que está en Madrid, nos podemos ver una vez al mes, por una necesidad de intimidad que no tiene que estar ligada a la convivencia, porque ahora doy prioridad a otras esferas de mi vida. Siempre he priorizado la relación de pareja sobre otras cosas y ahora busco la realización a través del trabajo, el deporte, las amistades... Creo que es mucho más equilibrado. ¿Qué me sorprende? Me da hasta vergüenza admitir que sigo cayendo en esos patrones de meterme en algo muy intenso de repente, aunque fríamente me diga que el estilo de vida de esa persona no va a congeniar conmigo.

Hace unos días me volví a meter en Tinder. El amor bibollo, últimamente, sobre todo cuando tienes cierta edad y reduces círculos sociales, va un poco por ahí. Me encantan estos perfiles que proclaman responsabilidad afectiva, «nos cuidamos mutuamente». La última cita que tuve, empezó diciendo: «Bueno, B., mi premisa es dejar a la gente mejor de lo que nos conocimos, por lo menos eso, pase lo que pase». Y no lo sentí así. Creo que hubo un poco de… no sé si llamarlo doble juego. Igual tengo que tener una mirada más justa y amable, porque lógicamente cuando te dan calabazas lo ves así. Teorizamos mucho sobre responsabilidad afectiva, pero creo que es un poco patraña, porque en la práctica nos cuesta gestionar, y me lo aplico también a mí, que seguramente no he sido lo más honesta en alguna relación que he podido tener. Creo que tenemos agencia no solo sobre lo que hacemos, sino sobre las expectativas que podemos generar en la otra persona.

También creo que hay términos que se utilizan como comodines, que no se acaban de comprender, que se ponen en cuestión desde la psicología, como todo esto del apego evitativo y ansioso; parece que nos dividimos entre esos dos modos de expresión de afecto. Yo los grandes palos que me he llevado los últimos años han sido por parte de personas que se pensaban muy trabajadas.

Y luego, creo que es un rollo muy bibollo (tal vez más bollo) esto de la intensidad cuando de repente encuentras algo. Me recordó a ese libro clasiquísimo de Jennifer Quiles, *Más que amigas*, que hablaba precisamente de que las lesbianas tenemos más preponderancia a dejarnos llevar por la intensidad, en cuanto sentimos que conectamos un mínimo con alguien, porque como no suele haber mucho de donde elegir, digamos que la primera que te entra por el ojo ya dices «allá voy».

Mira, yo creo que como partimos del posicionamiento político y del activismo, sobrepensamos demasiado las cosas y no nos permitimos sentir. ¿Estoy cayendo en el amor romántico? «Sin ti no soy nada» no, pero ¿cuánta parte de mí estoy implicando en esto?, ¿cuántas partes estoy dejando de lado?, ¿estoy logrando el equilibrio correcto entre fusionarme en la pareja y mantener mi individualidad? Estamos ahí. Es horrible estar sobrepensando constantemente si estoy siendo la correcta feminista, creo que a veces son más cuestiones de piel y de aplicar cierta intuición que llevamos dentro, entre nuestra mochila y los aprendizajes feministas que tienes.

R.

Como bollera que ha tenido relaciones monógamas, no me he mudado con mis parejas.

Con la primera no nos lo planteamos nunca realmente. Estábamos super a gusto pero ella (elle ahora) tenía en mente irse a otra ciudad a hacer un programa de estudios y yo no tuve el deseo de seguirla. Con la siguiente sí lo hablamos, pero no se podía dar porque habría implicado salir del armario con sus padres y no lo hizo. Yo veía a mi alrededor las parejas de bolleras que empezaban a convivir y me decía: «¿Y a mí por qué no me está saliendo?». Después salí con una chica y pasaba mucho tiempo en su piso, dejé ropa ahí, lo típico, dormíamos juntas muchísimos días, pero hubo un momento en el que ya no quería mudarme con ella porque no sentí que me tratara bien. No mudarme fue como un cinturón de seguridad. Empecé a apreciar que mi casa era un lugar seguro; cuando me hagan una putada tengo un espacio bonico al que volver.

Cuando tuve mi relación más duradera, vivimos juntas en otras ciudades por temporadas, debido a contratos laborales transitorios.

Ella planteó buscar un piso juntas en nuestro destino definitivo, pero yo ya estaba hasta el mismísimo y dije que no. No me hacía sentir segura compartir casa con ella, al revés.

Entonces, para mí ha sido una suerte no tener camión de mudanzas. De hecho, con la mujer que más agresiva ha sido conmigo, lo más desagradable fue que era un verano en el que estábamos conviviendo en mi piso. Fue horroroso tener a mi maltratadora en casa, porque hasta entonces mi casa era donde podía refugiarme.

Así que imagínate el nivel de sentirme cuidada y a gustito, por el que estoy organizándome para ir a vivir con mi novia a otra comunidad autónoma. Imagínate el nivel de seguridad que me ha ofrecido como para empezar a planteármelo cuando llevábamos solo cinco meses juntas. Entonces me dije: «Sí, esta persona me hace sentir lo suficientemente segura como para pillar un camión de mudanzas, y además a tomar por culo». ¿Cómo no voy a tener una sensación de agradecimiento?

T.

Yo crecí con una madre soltera que me machacaba hasta el cansancio de lo horribles que eran los vínculos amorosos, que una mujer estaba mejor sola, que los hombres eran una mierda, pero las lesbianas eran personas que estaban mal de la cabeza… Un machaque muy heavy que creo que me ha costado superar, hasta ahora. Creo que es la primera vez que estoy en una relación en la que me siento tranquila y no tengo la sensación de pérdida de identidad. Eso me ha hecho pasar por quince años de relaciones no monógamas que han sido por lo general bastante desastrosas, quitando algunos ejemplos bonitos y que me han servido mucho para construir familia, porque la distancia finalmente también implica que tienes que construir familia en los lugares a los que vas. Yo siempre he dicho que mi país son las personas, construyo lazos y vínculos afectivos muy fuertes y estrechos, pero también creo que es el mismo desarraigo [de la migración] el que me ha condenado en algunas relaciones y me ha salvado en otras. Es complejo.

Yo vivo con un marica, bueno con dos, pero uno es mi mejor amigo: llevo siete años viviendo con él, y mi proyecto vital es con él. En la relación en la que estoy, es la primera vez que me planteo seriamente vivir juntas. Pero hay una parte de mí que se niega: «No, yo tengo un proyecto de vida con otra persona, no tiene que ser mi pareja». Tenemos que pensar cómo se puede dar la construcción de espacios más colectivos en los que nuestros proyectos vitales pasen también por poder estar con la pareja, si es que queremos tener una pareja. Creo que es un temazo. También creo que nos damos chascos todo el rato, yo tengo la sensación de que hasta que no llegué a los cuarenta años no empecé a calmarme emocionalmente. Eso es lo que siento, no sé.

***

Voy con mi hija a ver la casa de Olentzero y me cago en todo, porque el parking y las calles aledañas están desbordadas de coches y si aparcamos más lejos igual ya no nos dejan entrar a la visita. Me arriesgo a aparcar mal y que me multen y, efectivamente, me multan. 200 euros, 100 con pronto pago, en un año en el que me está costando llegar a fin de mes porque me he fundido los ahorros (nueva casa, nuevo coche, abogada y procuradora para el divorcio) y lo que gano como periodista autónoma no es más que lo que gasto en la casa, gas natural, comida, gasolina, préstamo del coche, la clase de *twerk* y de literatura de autoficción, que al menos amortizo luego mediante encargos como este.

Siento un odio profundo hacia las parejas hetero que acompañan al resto de criaturas, porque seguro que no han tenido problemas para aparcar: ella se baja del coche con la o las criaturas, él se va a buscar sitio, y si se le hace tarde y no le dejan entrar, eso que se ahorra, de todas formas se va a pasar la visita en un segundo plano, haciendo comentarios garrulos con otros padres. «Qué listo mi hijo, prefiere quedarse con la *lamia* guapa que ir a ver a Olentzero». Los odio. Mi hija me dice que la policía es mala y le digo que tiene razón.

Es domingo y hace sol, pero mientras ella se va al mar con mi madre y mi padrastro (que son los abuelos del año), yo me paso la tarde limpiando y ordenando. Sé vivir sola en cuanto a lo emocional, pero no en cuanto a lo logístico. La casa se me desmadra constantemente, sobre todo el fregadero y el cubo de la ropa sucia, y hace siglos que no paso la fregona. Asumir la contradicción política de pagar a una trabajadora del hogar se hace más fuerte que nunca, suerte que soy más precaria que nunca (bueno, no más que cuando era yo la que limpiaba casas de otra gente, pero entonces no me angustiaba tanto tener menos de cien euros en la cuenta). Mi hija me dice: «Es mejor cuando está R., la cocina está limpia». Y el montón de ropa sucia es sustituido milagrosamente por un montón de ropa limpia.

Claro que la pareja no es la única solución, como recordó Tatiana Romero en Instagram después de que Cristina Fallarás postease su boda sáfica diciendo que vivir solas no es sostenible. Yo he sido muy feliz y bastante funcional con compis de piso y mi primera opción cuando me separé fue tirar los trastos a otras madres separadas, pero no fluyó. Nos podríamos mudar con mi amigo N. y su hijo, pero cada une hemos construido una tribu en un pueblo rural progre distinto, y entre ellos hay más de los 30 kilómetros que autoriza el convenio regulador. Pero fantaseo con ello, y al mismo tiempo pienso en lo problemático de que al mandato del amor romántico le haya sustituido el anhelo de construir una *queertopía*.

Ha pasado casi otro medio año desde la escena del circuito de talasoterapia, que es el mismo que descarté hacer sola, sin imaginar que iba a terminar compartiéndolo con la diosa butch con la que estaba chateando, y que me metería mano en el jacuzzi. No sé cuándo se me desbloqueó el *te quiero*, cuándo se deshizo el nudo de la garganta y me entraron ganas de decírselo todo el rato, a viva voz. He hecho mucha terapia hasta convencerme de que merezco este amor bonito. Pero sigo sintiendo que no lo estoy disfrutando del todo, por una mezcla de autoprotección, resaca emocional, de complejos sociales y políticos.

Escribo este capítulo la víspera de compartir un spa muy distinto con R., el de la sauna Bruc de Barcelona, donde se celebra cada dos meses Bolleras al Vapor, una fiesta queer de sexo vainilla *spicy*[2] a la que fui por primera vez con una amiga después de separarme, y me lo gocé. Va a ser la primera vez que vaya en pareja a una fiesta de sexo. Lo más parecido fue cuando, hace años, fui con un amante cis y nos echaron porque él le mordió el culo sin consentimiento a una desconocida en el jacuzzi. Va a ser la primera vez que logre (espero) conciliar nido

---

2 Podéis conocer más este proyecto a través de su fanzine, disponible en librerías de Barcelona como La Prole y La Raposa.

y vuelo, hogar y zorreo. R. le llama el *Dragón Khan*, porque le da mucho vértigo, pero del bueno. Hemos conseguido confluir en un modelo de exclusividad romántica, abierto a experiencias sexuales compartidas, una especie de *queer swingers* que estamos diseñando juntas, a nuestra medida. Por primera vez, no tengo que sacrificar a mi zorra bisexual. Nos follaremos por toda la sauna: en el columpio con la puerta cerrada; en el cuarto oscuro junto a una pareja y una trieja; en una camilla con luces láser rojas con la puerta abierta; en la sauna seca y en el baño turco; en la gran piscina de chorros (casi rozándonos los dedos con la pareja de al lado) presidida por una gran pancarta en la que pone: «*Contra les seves violències, els nostres plaers*».

Le regalé a R., por su cumpleaños, hacer juntas una vía ferrata, que consiste en recorrer la cresta de una montaña rocosa atada con arnés a un cable metálico. A mí me daba miedo, porque imaginaba que me daría vértigo, y así fue.

Superado el susto, fue un subidón compartir juntas esa gran hazaña, de la que salí casi tan triunfal y empoderada como de mi parto. Ese fue mi *Dragón Khan*. Ese y el concurso de traslado de plaza.

Releo a Mari Luz Esteban, autora de *Crítica al pensamiento amoroso*, en una entrevista que publicamos en *Pikara Magazine* en 2012:

> No se debe decir «no te enamores», sino «hazte con los arneses necesarios». De la misma manera que nos protegemos con un casco y unas cuerdas cuando vamos al monte, también necesitamos protección en el amor, para ser capaces de pasarlo bien y salir bien paradas. Tenemos que asimilar ciertas técnicas e ideas para poder identificar cuándo las cosas van mal y cuándo bien, para comunicarnos, para negociar o para abandonar una relación... Esos son nuestros arneses.

Con R. no he hablado de arneses, más que de los que sirven para empotrarnos, sino de compuertas, esas que aún se me están bajando.

Me pregunto si todo esto de la anarquía relacional, de la red descentralizada de vínculos, no era una coartada política para camuflar el miedo a volver a abrirme al amor. Y la verdad es que el anhelo de amor me absorbía bastante más entonces, cuando entraba en esos bucles ansiosos porque el vínculo no romántico de turno tardaba días en contestarme un mensaje o semanas en querer volver a tener una cita.

Y leo *Intensas*, de Ana Requena Aguilar, que incluye un capítulo sobre amar intensamente, y ahí descubro *Todo sobre el amor*, de bell hooks, y lo compro con la excusa de que tengo que documentarme para escribir este capítulo. Según hooks, estas reservas ante el amor son un problema social, en un siglo XXI en el que, después del fracaso del romanticismo decimonómico y del *love power* del siglo XX, se aprecia más el nihilismo que el romanticismo, lo cínico que lo cursi. La humanidad ha dejado de creer en el amor no solo como promesa de felicidad individual sino como motor de transformaciones sociales por un mundo mejor.

Pero, al mismo tiempo, la cultura popular nos sigue bombardeando con la misma propaganda de un modelo de amor heteronormativo, capitalista, burgués y chungo que critica, entre otras, Mari Luz Esteban y que canta, entre otros, Alejandro Sanz.

> ¿Era? ¿Quién me dice si era ella?
> Y, si la vida es una rueda y va girando
> Y nadie sabe cuándo tiene que saltar
> Y la miro y, ¿si fuera ella?

hooks también habla mucho de la infancia y la adolescencia, de cómo marcan la vida amorosa adulta: «Aprendemos lo que es el amor en la niñez. Sea funcional o disfuncional, caracterizada por un ambiente de felicidad o por un clima de mayor crispación, la familia es nuestra primera escuela de amor. [...] Sabemos que el maltrato y el desamparo niega y destruye el amor». Pues bien, yo he saltado sin arnés en unas cuantas historias de amor, desesperada por construir algo que me llevase a sobrellevar la destrucción del hogar materno.

Ahora, a punto de cumplir cuarenta años, leo los ingredientes de la receta «para amar de verdad» que propone hooks, y hago *check-check-check*: «Cuidado, afecto, reconocimiento, respeto, compromiso, confianza, amén de una comunicación clara y sincera». Y deseo, mucho deseo, que mantiene nuestros fueguitos crepitando, añado yo.

Y pienso que quiero saltar, volver a confiar y a entregarme, que para eso tengo un buen arnés y ella también, que ya tenemos una edad y muchos aprendizajes a las espaldas. Pero luego pienso en nuestras fotos posando en la cresta –de la montaña y de la ola– que he subido al Instagram, y recuerdo un artículo de Brigitte Vasallo publicado en *Pikara Magazine* en 2019, «El amor en los tiempos de Instagram»:

> Cuando deseamos a alguien rápidamente empezamos la construcción fantasmagórica de una posibilidad de pareja conjunta. Si el deseo es recíproco, la suerte está echada. Nos sentimos tomadas por lo inevitable, lo

irremediable, por el vendaval que nos lleva necesariamente a atender esa reciprocidad, más en tiempos de obsolescencia programada de los afectos, cuando las relaciones duran lo que dura el subidón y donde la acumulación amorosa es una forma de capital también: el capital sexual que contribuye a nuestro capital social.

Esa inevitabilidad necesita de la idealización de la otra persona, de la relación, de la situación y de la historia conjunta. Es el amor romántico de toda la vida que nos precipita a la concreción de ese deseo, a hacer *algo* con él y a identificarnos en ese conjunto. Pasamos de ser yo a ser nosotras y la otra persona, idealizada, es una generadora de cualidades propias, de valor propio: valemos en tanto que somos deseadas por alguien a quien atribuimos valor. Y aquí, el desastre está servido. La dependencia tóxica del "sin ti no soy nada".

El salto mágico de la reciprocidad del deseo a la pareja perfecta y congelada en el tiempo es heredero de los cuentos de princesa que acaban en la boda y ya no sabemos nada más, pero se sigue prodigando en nuestras redes sociales donde pocas veces se hacen fotorreportajes de nuestras rupturas, nuestros duelos, nuestros ojos hinchados de haberte pasado la noche llorando, o de nuestros asaltos a la nevera o a la farmacia a por diazepam, pero sí se publicita la pareja y sus rituales en sus momentos de esplendor. Se publicita y se jalea con *likes*, corazones y toda una excitación social que confirma que, a pesar de todos los discursos y todos los eslóganes, seguimos allí y no tenemos intención alguna de dejar de estar allí. Porque el amor romántico, no nos engañemos, mola mucho durante un rato. Durante la subida. Y mola para las redes. Los *chupipuntos*.

Claro que el poliamor también da chupipuntos en nuestra burbuja, y también tiene sus dosis de idealización y de caída en picado, como cuenta Tatiana Romero en el número 12 de *Pikara* en papel su *terror poliamoroso*. La suya ocurrió cuando le dio un ictus y su vínculo (que tenía una pareja principal) no fue a visitarla al hospital:

> Magulladas y doloridas, hace unos años estábamos todas las lesbianas a mi alrededor empeñadas en defender ese otro amor puro, anticapitalista, que nos iba a llevar a la revolución de los afectos, a estar por encima de las otras, de las heteras y los mandatos heteronormativos. Las lesbianas íbamos a crear redes –polículas se les llama en la jerga no monógama– de cuidados, metamores con quienes nos entenderíamos. Todo aquello que en mi mente se dibujaba como el no va más de la anarquía relacional, en la práctica, estaba dejando una cantidad de cadáveres emocionales de los que nadie se hacía responsable. Si eras la novia de turno, tal vez te tocaba una ración de cuidados, o de reclamos; pero si eras la secundaria, ya podías gestionártelo tú solita con tus amigas, o con quien pudieras, para tus malestares no había espacio. Igual mejor te buscabas tú misma una amante para gestionar las movidas de inseguridad, soledad y rechazo que te

estaba haciendo sentir tu relación. Sí, estoy hablando del llamado poliamor jerárquico, pero para mí todos han resultado ser la misma estafa piramidal, donde las de abajo se joden para que las de arriba lo tengan todo; cuantas más reclutes más posibilidad tienes de algún día llegar también arriba.

Hoy pienso que lo único que de verdad funciona es sacar del centro a la pareja, independientemente del acuerdo de exclusividad sexual que tengamos, para poner en ese centro a las amigas. Creo que lo más revolucionario en el espacio afectivo que hemos logrado hacer es darnos cuenta del inmenso valor que tienen las amigas frente a la pareja. Ahí sí que hemos logrado crear una red afectiva capaz de salvarnos la vida.

A mí me pasó algo mucho más pequeñito que un ictus, algo nimio, pero que me hizo el crac definitivo: me rompí el dedo corazón del pie porque me choqué accidentalmente con la barandilla de la escalera de mi minidúplex de madre separada. La primera persona a la que llamé fue a mi ex, para que llevase a mi hija al cole, y no me sostuvo más allá de eso, porque estábamos en fase de desfusionarnos. Luego llamé a una de mis mejores amigas, la que es más parecida a una hermana; una hermana de casi metro ochenta que me cargó en la espalda (a *burrukutxus*, que le llamamos en Euskal Herria) hasta su coche y me llevó al hospital. Ahí estuve unas horas y llamé a otra amiga –comadre bisexual separada del pueblo– para volver a casa, donde me esperaban las muletas que me había prestado otra comadre, atendiendo a la petición que hice por el grupo de WhatsApp que usamos las mujeres y disidencias del pueblo para regalarnos cosas y pedirnos favores. Al día siguiente, una de las nuevas amigas que he hecho en esta nueva vida me ayudó a subir las escaleras rojas del centro cultural feminista La Sinsorga para poder asistir a un evento que yo llevaba meses preparando. Y me alimenté unos días con los *tuppers* que me pasó mi amiga-hermana.

Pero, al final del día, anhelaba un vínculo íntimo que me hiciera cucharita y con quien poder romperme tanto como el dedo, que es lo que no acababa de permitirme desde que rompí mi hogar bibollo, para el que firmamos una hipoteca a treinta años, y que nos duró tres juntos. Y mi vínculo de ese momento, que vivía a sesenta kilómetros, no vino a verme porque me preguntó si lo necesitaba y le dije que no, que ya tenía a mis amigas cerca. Y ahora mi novia, la Adonis-Apolo andaluza, me amenaza con hincar rodilla, porque le angustia que me rompa algo y no poder pedir permiso en el trabajo para venir a cuidarme, y también porque me ama y no tiene complejos en desear esa boda que yo deseaba sin complejos de niña, cuando escuchaba «Los amantes» de Mecano (*Y siempre estoy rompiendo mi voz / Cantando coplas bajo tu ventana, amor / Sal ya, que este trovador / Se está asando de calor*) sin poder imaginar que mi trovador, el que me canta *Yo nunca tuve un amor así, con los ojitos color del mar,* sería una bollera que también escuchaba

Mecano de pequeña, solo que ella quería ser el trovador.

Todo esto para decir que sí, que quiero que llegue el camión de mudanzas. Quiero que el empotramiento y la cucharita se conviertan en rutina. Y los masajes, las lecturas de tarot y del oráculo, las conversaciones profundas, las risas por tontunas, los bailes en la cocina, las canciones en el coche, los juegos compartidos con mi cachorrita, los planes de escalada y de fiestas de sexo. Quiero permitirme presumir mucho de novia, como también presumo de amigas, de hija, de comunidad. Pienso en Nerea Pérez de las Heras presumiendo de novia en Instagram a la vez que hace discursos sobre hacer propaganda de las amigas tanto como se ha hecho del amor romántico y veo ese equilibrio.

Porque la metáfora que me gusta frente a la de la media naranja es la de las mandarinas que aprendí con les youtubers Queer Avengers, en las que no hay pirámides ni epicentros, sino un cúmulo de gajos jugosos. «Entre la autoexigencia de aprender abruptamente a movernos como pez en el agua de la anarquía relacional y la vuelta resignada a "la mierda de siempre", hay un camino largo, pedregoso pero tranquilo: ir dando pasitos para ampliar nuestra red de afectos y potenciar los cuidados (incluido el autocuidado), para tejer en colectivo una nueva cultura afectiva rica y diversa», escribí en 2017, en el artículo «Este San Valentín... ¡regala mandarinas!» que escribí para el blog de *Pikara* en el *diario.es*. Siete años, una hija y un divorcio después, lo suscribo.

Y me prometo a mí misma que en el nuevo hogar mi fueguito no se apagará por inercia, sino que arderá más fuerte también como amiga –que cada vez da más abrazos, dice más te quiero y hace más la cucharita con sus amigues–, como madre, como amante, como escritora, como activista, como exploradora y como zorra bisexual... todo el tiempo que nuestras órbitas errantes sigan alineadas, y queramos seguir azuzando juntas la chimenea y la hoguera salvaje.

Una marica enamorada

Millanes Rivas

MILLANES RIVAS *(Moraleja, Cáceres, 1994) es autor de las novelas* Tan jóvenes y la pena *(Editorial Dieciséis, 2021) y* Paisaje nacional *(Alianza Editorial, 2024). Escribe habitualmente en* Pikara Magazine *y ha colaborado con medios como* El Salto *o* Público. *Ha vivido en Cáceres, Salamanca, Granada, Barcelona, Madrid y Gijón.*

Una marica enamorada

Millanes Rivas

He querido escribir como si tuviera que estar ausente cuando se publicara el texto, por auténtica vergonzonería. Pura confesión, puro testimonio. He querido escribir con la osadía de quien piensa que el suyo, en este caso el mío, es el único relato existente de una marica enamorada de una mujer.

Como si no hubiera habido otras antes, la literatura está llena de matices eróticos, pero hablar de una misma requiere de cierta ingenuidad. Me digo que al fin y al cabo una marica solo lo es desde que así se le nombra, con esto reduzco las posibilidades de encontrar otros casos. En cambio, alguna vez me han dicho: yo también he estado ahí / y me ha parecido abrumador, no porque alguien más lo hubiera vivido sino por la manera de anunciarlo. Esa distancia que presume, de manera irremediable, un fin.

«Ahí», un rito de paso. Es cierto, cualquier relación vista desde el futuro lo parece.

«Aquí», por tanto, el lugar desde el que este texto trata de articularse.

La palabra es un ejercicio de morfología del amor. Siempre he atendido a cómo la gente habla de sus parejas. «Mi novia» me perturba, es como si el posesivo pesara más que el nombre, dicen: MI _{novia}. «Mi chica» es de risa, pero había una película muy bonita con ese título. «Mi compañera» es claramente un asunto del pasado, como decir «bases fuera». «Mi vínculo», una utilidad transitoria. Yo termino optando por «mi pareja», porque ha sido una herramienta de enunciación para las maricas y las bolleras, recuperarla y mantenerla me reconforta. Da pie, por otro lado, a momentos de aclaración. Alguien: ¿por qué te fuiste? Yo: porque mi pareja se mudó. Alguien vuelve a preguntar: ¿es él de allí? Entonces el género se instala entre nosotras, revolotea en la conversación, trato de disiparlo lo más rápido posible: es ella. Esa persona levanta las cejas, abre la boca, exclama: oh. En alguna ocasión, de hecho, me han pedido disculpas: lo siento, perdón / como si la pluma y todas mis señales de marica despreocupada hubieran sido una trampa tendida.

Lo que a mí me ha sorprendido a lo largo de mi vida ha sido esa tremenda configuración social del deseo, tan poco caótica, tan poco arrebatada, lo que he acostumbrado a llamar «la aburrida monosexualidad de las personas». Voy por ahí diciendo: cómo sois las monosexuales / porque entiendo, afortunadamente o por error, el deseo como el Puck de *El sueño de una noche de verano* o los duendes de *Amor de don Perlimplín con Belisa en su jardín*, elementos fortuitos y fuera de toda lógica. Lo mismo que el fuego fatuo. Las personas que habitan la Tierra no pueden elegir por quién se prendan, solo responsabilizarse de ello. Es una idea shakesperiana que a través de la lectura se contagió en la escritura de Federico García Lorca y que este dejó en mí. El mundo adquirido a través de la literatura. Así, ya sea en una pradera o en un pub de ciudad, en cualquier lugar tocado por la Gracia, dos personas se encuentran, rara vez son tres, y la Gracia hace el resto. Ya escribí sobre esto en una ocasión y lo que es peor, lo publiqué. Desconozco si puedo tomarlo, arrancar mis propias palabras. Probablemente el contrato que firmé no me lo permita, así que lo reescribo como si una función teatral fuera, una nueva aproximación a aquella escena:

Noche. Lisboa. Una calle llena de gente. La Gracia aparta una a una a todas las personas hasta dejarla vacía, tan solo la Mujer y la Marica continúan fumando. La Mujer se acerca a la Marica.

MUJER   *Excuse me do you have a lighter?*

MARICA   Sí. *Yes.*

En ese momento comprenden que van a hablar el mismo lenguaje.

La Gracia he escrito, pero puedo cambiarlo por los duendes o Puck. Fue esa suerte de magia la que ha modificado tremendamente mis años de después. Por su aleatoriedad, el deseo nunca configuró mi lugar en el entorno. Entendía lo marica como una especie de cultura heredada, que iba de Pedro Lemebel a Céline Dion, desde la corrección infantil a la despreocupación sexual. Era un estar-en-el-mundo atravesado por una serie de condicionantes como los de cada cual en su pose. Me gusta especialmente este término, la pose. El nuevo deseo no debería de haber supuesto más que una sorpresa, una comedia de enredos sexuales, pero disidir en la disidencia es también una dislocación. Por supuesto que el amor me convirtió en una *rara avis* entre las maricas, una extraña infiltración del deseo heterosexual en nuestro aquelarre particular. En una ocasión iba en un taxi con una conocida, ya nos llamábamos amigas por entonces, y me preguntó:

¿es verdad que tienes novia y es mujer? A lo que yo respondí: sí. Debido a la droga era una conversación muy descarada, así que siguió preguntando: mujer cis / estaba atónita, como si el hecho de ser cis la hiciera más mujer, más lejos de nuestro deseo marica. Esa noche nos tumbamos en el jardín de una casa a las afueras y le conté todo, ahí podemos decir que sí empezó nuestra amistad.

Todas estas percepciones he conseguido materializarlas a través de la escritura con el tiempo, quizá porque entonces me acercaba de una manera más salvaje a lo que me sucedía, también mucho más desligada de la escritura. Esta displicencia me entristece, me gustaría buscar en mis diarios lo que sentía en esas fechas, pero por entonces aún no los escribía, así que tengo que inventarlo:

fragmento 1, Lisboa

Estoy volviendo en el metro, oliendo como poco a tabaco y alcohol. Me viene a la cabeza aquel amigo de clase que se jactaba de ir por la calle después de tener sexo, con la barba oliendo a coño, decía. Me resulta una imagen asquerosa, propia de un hombre, y ahora me temo yo tener que contar esto también.

fragmento 2, Barcelona

Desde Lisboa no hemos vuelto a vernos. Le compré un libro de William Morris para regalarle cuando venga. Le di muchas vueltas y no sabía qué regalarle, se me ocurrió esto. Algo me preocupa. Que te guste William Morris es de tener gusto de homosexual, de pose decimonónica. Me gusta este término: pose. Pose decimonónica. Fui con Marina hace unos meses a la exposición de William Morris en el Museu Nacional de Catalunya, fue ella quien me dio a conocer a William Morris. También es verdad que Marina tiene mucha pose decimonónica, mucho gusto de homosexual.

fragmento 3, Barcelona

Hay tantos comienzos de novelas que quiero replicar. De Carmen Laforet: «Por dificultades en el último momento para adquirir billetes, llegué a Barcelona a medianoche, en un tren distinto del que había anunciado, y no me esperaba nadie». Y NO ME ESPERABA NADIE. Lo tengo muy subrayado. Otro: «ERA COMO VIAJAR AL CENTRO MISMO DEL SOL».

fragmento 4, Barcelona

Deseo empezar un libro como los empieza Annie Ernaux: «Este verano he visto por primera vez una película clasificada X en la televisión, por el Canal +».

«Desde septiembre del año pasado no he hecho más que esperar a un hombre».

«A veces siento que tengo secretos».

«Me bajé en Barbès. Como la última vez, un grupo de hombres esperaba en el andén del metro aéreo». A ella tampoco la esperaba nadie.

«He querido escribir como si tuviera que estar ausente cuando se publicara el texto». «Desde hace veinte años vivo en una ciudad nueva, a cuarenta kilómetros de París». Este último es *Diario del afuera*, el anterior es *La ocupación*, aún no se han publicado siquiera, pero no me importa, estos diarios son ficticios.

fragmento 5, Granada

Al hacer la mudanza, releo otras líneas de Annie Ernaux: «todas nuestras posesiones caben en el asiento de atrás, mantas, cazuelas, tocadiscos y máquina de escribir […] El juego del matrimonio se vuelve menos divertido. Alquileres desorbitados, espacios cutres. Cabrones.

Pero tenemos poco más de veinte años, sudorosos, muertos de calor por las calles, nos sentimos vencedores y cómplices». Muy subrayado: PERO TENEMOS POCO MÁS DE VEINTE AÑOS. Me produce una ternura tremenda.

fragmento 6, Granada

Ni siquiera en estos momentos de plenitud, una es consciente de si es feliz. Por cómo me trata la gente entiendo que lo soy.

fragmento 7, Granada

Otra mudanza más. Esta vez las posesiones se nos fueron de las manos: nuevos libros adquiridos, nuevos cuadernos escritos, una guitarra prestada, el botijo que me empeñé en comprar en el pueblo, las maletas de ropa compartida, loza y mantelería, sábanas y edredones, dos almohadas y dos cojines, los flexos, decenas de cuadritos y postales acumuladas, muy poco cosmético, sus lienzos, mis macetas, el potus que sobrevivió. Todo esto conformará con el tiempo nuestro ajuar, mucho más, un catálogo material de nuestra historia, con sus modificaciones, bajas y adquisiciones. Se irá moviendo, podrá perderse en una catástrofe. Su significado, por otro lado, perdura en otro cuerpo inesperado que es la palabra, ahora que lo he escrito.

fragmento 8, Madrid

Adquisición: llegada de Federico. Siempre quise tener un gato y ella también.

fragmento 9, Madrid

Esta mañana se publicó mi primer libro. Se lo di a Federico y lo mordió todo, yo no podía parar de mirarlos. No entiendo a esxs escritorxs que dicen de sus libros «Por fin es todo vuestro», para mí este libro siempre será mío. Y este gato también.

fragmento 10, Madrid

Ha sido mucho esfuerzo por demostrar que lo nuestro no es otra réplica más de lo normativo. Han sido muchas conversaciones, muchas lecturas, una profunda reflexión sobre nuestras familias y los límites. A veces parece que nada de eso basta. Como un contrato laboral, por muchas cláusulas de los convenios sindicales, un contrato al final es un contrato.

fragmento 11, Madrid

He vuelto a intentarlo con un relato que no consigo perfilar: la tarde que Oscar Wilde llevó a su casa a su amante, Alfred Douglas, y se lo presentó a su mujer, Carol Lloyd.

(Carol, primero Lloyd por el nombre paterno, cuando se casó Wilde, cuando se separó se puso Holland. Sin embargo a Carol nunca nadie, ni siquiera yo ahora, la llamó Holland).

¿Qué erotismo podía existir en semejante lugar? El recorrido por un pasillo sombrío, los ademanes en torno a la mesa, las miradas de tres desconocidas destinadas a la misma desdicha.

(Llevo escribiendo sobre el deseo a tres desde que aprendí a escribir. Desconozco el suceso que desencadenó todo esto).

¿Estaba Oscar Wilde también profundamente enamorado de su mujer? ¿Era una marica enamorada de una mujer?

(Me digo que al fin y al cabo una marica solo lo es desde que así se le nombra).

((Las palabras han dado forma a múltiples vidas, de alguna manera también las ha distinguido, las ha despreciado, del resto)).

(((A veces reconozco en mí unos gustos tan anticuados, tan de homosexual. Seguramente haya escrito antes sobre esto))).

fragmento 12, Madrid

Otra mudanza. Nuestro catálogo es ya despro-
porcionado. Si en algún momento se requiere
subasta, la puja durará días.

La vida en las notas del diario es más senci-
lla que la vida que me acontece ahora, pues
la distancia me permite escribir sobre ello. El
ahora está embarrado por las convenciones
de hoy, la terminología de hoy, la moral de
hoy. Contar lo que ahora me ocurre, por tanto, chocaría de frente con la premisa de este
texto: He querido escribir como si tuviera que
estar ausente cuando se publicara el texto, por
auténtica vergonzonería. Pura confesión, puro
testimonio. He querido escribir con la osadía
de quien piensa que el suyo, en este caso el mío,
es el único relato existente de una marica enamorada de una mujer. Desconozco de cuantas
formas una persona puede enamorarse, pues
a mí solo me ocurrió entonces. Aquellos días

escuchaba las canciones de Mina y veía todas las películas de Wong Kar-Wai, por lo que estaba en un estado de romantización del entorno. Era un cuerpo deseoso. Cualquier relato del amor era válido. Como una buena amiga de entonces me dijo: ya sabemos todo lo malo sobre esto, a veces estas historias también son bonitas y podemos disfrutarlas. A ella le volvían loca las mujeres, pero acabó casada con un hombre. Cuando me dijo aquello era mi cumpleaños, me había regalado *El cuarteto de Alejandría* de Lawrence Durrell: es un relato heterosexual pero, joder, ya sabemos todo lo malo sobre esto, a veces estas historias también son bonitas y podemos disfrutarlas. Por supuesto que disfruté, lo nuevo se abrió como primavera. De repente, se desvelaron preocupaciones desconocidas, y hasta ellas eran excitantes. La gestación me transportaba a una narrativa antiquísima, la del mandato bíblico y el instinto animal de la reproducción, la génesis de la regulación sexo-género que tanto nos ha preocupado. Hasta ahora, y como con mis amigas maricas, parecía que esto no iba conmigo. El sexo sin prevención estaba más cerca de Act Up que de un aborto. Al borde de los cuarenta, mis amigas mujeres planteaban de manera irremediable la decisión de la maternidad; al borde de los cuarenta, mis amigas maricas no. Mientras tanto, por entonces, yo andaba escribiendo sobre la muerte del padre. Asumir una forma de normatividad, alteró el lenguaje que usaba. También me enfrentó al que no usaba por una sospecha de inutilidad. Eso me ha dejado desprovisto y en silencio en multitud de ocasiones. Si mujer no soy, hombre he rehusado de ello, no binario me abochorna, solo me queda constatar la derrota de una persona que se dedica a la escritura: las palabras no alcanzan el mundo. Asumirlo me anima a disfrutar, mucho, de las estrategias dialécticas, de los andamios lingüísticos, que pretenden apuntalar una verdad existente enfrentada a una norma canonizada. Mi escritura puede ser una conjugación de fórmulas librepensantes –en mis notas a mano, decía:

una conjugación de fórmulas alternativas / lo he borrado conscientemente, porque volvía a poner precisamente la tal "norma canonizada" como centro y me da mucha rabia pilotar el pensamiento en torno a eso. Librepensante, en cambio, suena a pose decimonónica, así que me gusta–.

Otra vez me dirán que he escrito un texto al que le falta un final. Busco de nuevo en mis notas, con la esperanza de que alguna línea que no ha entrado me termine valiendo. Encuentro esta que dice: «abrumado por esa alteración del orden que se producía con la sencillez de un suceso que se había repetido millones de veces: tan solo un hombre enamorado de una mujer –después de hablar de la problemática NO SOY UN HOMBRE–».

Venecia

Carla Berrocal

CARLA BERROCAL *(1983) estudia ilustración y diseño gráfico en Madrid. Empieza escribiendo reseñas sobre tebeos hasta que, en 2004, publica su primer cómic y arranca su carrera profesional como ilustradora. En 2019 obtiene la beca de la Real Academia de España en Roma para desarrollar un proyecto de cómic inspirado en la vida de Concha Piquer y en 2024 publica su obra* La tierra yerma, *ambas han sido publicadas por Reservoir Books. Actualmente continúa trabajando en su propio estudio, imparte talleres sobre cómic y novela gráfica en diversas instituciones y colabora en la tertulia de dibujantes de la SER: «A vivir que son dos días».*

Venecia

Carla Berrocal

Las luces blancas parpadeaban sobre su rostro y sus ojos se veían amarillos. Vestía un vestido rojo corto por el que asomaban dos pilares que se movían y oscilaban provocativamente en el centro de la pista. Desde que bajé las escaleras no podía parar de mirarla, llegando a tropezar por intentar pillar un mejor ángulo. En toda esa torpeza sigo sin explicarme por qué nos hipnotizaba. Lo único que puedo afirmar es que todas las que estábamos allí éramos víctimas de su deseo, un deseo que traspasaba su cuerpo y los nuestros, volviendo el ambiente denso y caluroso. A cualquier alma perdida que se aventuraba a acercarse, la asustaba primero con una mirada profunda y, sin decir nada, aplastaba sus intenciones bajo sus tacones de siete centímetros. Por eso, nadie se atrevía a interrumpirla, como la diosa que era volaba por encima de todas nosotras, por eso fue tan extraño cuando se me acercó.

–¿Fumas? –me preguntó.

No alcancé a contestarle. El hilo de mi voz, aprisionado entre la música a todo volumen, se detuvo antes de salir. A ella, sin embargo, no pareció importarle que no contestara. Me miró de nuevo y esta vez, sí. Vi sus ojos. Eran verdes. Sin dejarme reaccionar, cogió mi mano y me arrastró a la calle, mientras yo miraba para atrás a mis amigas con cara de alguien que no alcanzaba a entender del todo su suerte.

Hacía frío. No tenía mi chaqueta, ella no me dejó cogerla. Cuando salimos a la puerta del bar noté cómo el viento se colaba por mi espalda y convertía el sudor de mi camisa en una cataplasma fría y desagradable. Tirité y me llevé las manos a los brazos, como si pudiera abrigarme con ellas. Apreté los dientes intentando disimular, ya que mi orgullo me prohibía mostrar debilidad alguna frente a cualquier mujer que me gustara.

–¿Tienes fuego?

Volví a verla cuando escuché su voz alta, imperativa pero serena. Se escuchaba lejana porque tenía metido en los oídos aún el *chunda chunda* del local, pero ejecuté la orden inmediatamente. Metí la mano en el bolsillo esperando encontrar un mechero, cuando sabía perfectamente que no, que no fumaba desde hacía cuatro años. Deseaba con todas mis fuerzas que estuviera allí, que pudiera hacer sus deseos realidad, como si aquello fuera el bolsillo de Doraemon, pero no, ahí no había nada. Sentí en las yemas algunos restos de clínex que acumulaban polvo y virutillas al fondo, pero ni rastro del mechero. Meneé la cabeza hacia los lados, enmudecida. Me miró de arriba a abajo con cara de decepción, se volvió hacia un grupo de chicas que no estaban muy lejos y en unos segundos obtuvo lo que quería. Primero las hizo reír y después tres de ellas sacaron el mechero a la vez, muy rápido, como si hubieran presionado un gatillo. Ella bajó la cabeza, se acercó a las tres pequeñas llamas que titilaban con el viento y pegó la primera bocanada, grande y larga. Me fijé de nuevo en sus ojos y ahora me parecieron marrones. Sonrió y se fue. El grupo permaneció en silencio hasta que volvió a mí y entonces, no sé por qué, la temí por un instante.

–Yo a ti te conozco.

Expulsó el humo sobre mí, volviendo por un momento grises sus labios rojos mientras me apuntaba con su dedo índice. Cubría malamente su cuerpo hasta la cintura con un pequeño abrigo de peluche de color rosa chicle que, a pesar de su pequeño tamaño, parecía abrigar bien, o igual es que iba tan bebida que le daba igual el frío.

–¿Ah, sí? –balbuceé.

–Sí. –Apoyó su mano blanca sobre mi pecho y se acercó tanto que podía oler su aliento, en el que se mezclaban a partes iguales tabaco y alcohol. Parte de su amenazante índice tocó mi piel desnuda y comprobé que estaba fría. Sentí un escalofrío en las lumbares que se extendió hasta mi vulva.

–En Venecia, hace muchos años.

Dejó su boca entreabierta y jugueteó con su lengua.

–¿Venecia? –respondí como en una nebulosa, sintiendo que la sangre me bajaba y me dejaba sin más respuesta.

–Me llamo Carmen –dijo y calló, acercándose más, hasta que prácticamente se me abalanzó. Intenté mirarla fijamente a los ojos, pero me puse tan nerviosa que no pude… y su mano subió por encima de mi cuello, hasta que con su índice y su pulgar sostuvo mi barbilla y me forzó a contemplarla.

–Te gusto. Lo sé.

Alcancé a ver dos iris que relampaguearon en un color naranja y en ese momento fui consciente de lo frágil que era, tanto o más que un estúpido conejo en la carretera. Era imposible huir, ni tan siquiera respirar. Ninguna parte de mi cuerpo respondía. Su mano pasó entonces de la barbilla hasta la nuca. Era agradable sentir sus dedos acariciándome el pelo rapado, me devolvieron al momento. Cerré los ojos, la apreté contra mí, y después solo hubo fuego.

***

Después de coger mis cosas y despedirme de mis colegas, salí del bar de la mano de Carmen y nos encaminamos un rato por la calle de Moratín. La idea era bajar un poco el pedo pidiéndole algo de ayuda al viento que, helado y seco como solía estar en enero, nos golpeaba las caras prendidas. Envalentonadas como estábamos por las ganas de follarnos, nos desviamos hacia calles menos transitadas para darnos algún que otro agarrón sin mirones de por medio. Huíamos de la luz como cucarachas en celo y acabamos así en una pequeña callejuela bajando hacia El Prado. En plena oscuridad como estábamos, me fijé en cómo sus ojos desprendían un extraño brillo que iluminaba sus retinas como si fuera un gato. Carmen aprovechó mi distracción y me empujó bruscamente contra la pared de un portal minúsculo, clavándome algunos barrotes en la espalda. Me asustó su fuerza, porque en apariencia no parecía estar tan *fit*, pero al momento suavizó el gesto besándome con tanto ímpetu, que el temor pasó rápido y volcó en mi estómago un deseo que me arrastró de nuevo a ella, tomando el control de mi mano y haciéndola subir por su entrepierna hasta tocar sus bragas húmedas y frías. Suspiré de gusto, me cosquilleó el clítoris y ella soltó un pequeño suspiro arqueando la espalda. Clavó sus uñas en mis lumbares mientras oía que respiraba entrecortadamente, como un animal herido. Sentí diez punzadas encima de mi culo y me quejé con un grito ahogado. Se alejó de mí como si despertara de un sueño suave, tomó de nuevo mi mano y volvimos a caminar rompiendo el silencio grave y tenso de la noche con el sonido de sus tacones.

***

–¿A dónde vamos? –me preguntó.

–Conozco un sitio cerca. Sígueme.

En una de esas pequeñas calles que se entrecruzan, suben y bajan en Huertas, estrechas y escondidas, llegamos a un edificio grande, de persianas echadas y en apariencia abandonado.

–Era una casa okupa a la que solía venir, pero alguna empresa de mierda compró el edificio y ahora no se puede entrar... aunque tengo un truquito.

Me saqué de la oreja el imperdible que llevaba a modo de pendiente y lo metí en el candado. No me llevó más de tres minutos abrirlo. Comprobé que no había nadie cerca y nos colamos.

No se oía nada. Apenas unos coches a lo lejos y el sonido de alguna moto. Pasamos por el recibidor, cruzamos un largo pasillo y llegamos a una amplia escalera. Después subimos al primer piso en silencio. En las paredes quedaban rastros de carteles de antiguas fiestas, reivindicaciones, conciertos, asambleas y algún que otro grafiti.

–Qué vacío...

–Se hacían buenas fiestas aquí, da pena verlo así...

–¿Venías mucho?

–A veces...

Paseábamos entre las habitaciones cuando dimos con una antigua aula que debió de usarse como gimnasio. Había un par de colchonetas roídas y rotas tiradas por el suelo. A pesar de llevar algún tiempo abandonado, el sitio no estaba muy sucio, apenas había un par de botellas

tiradas en el suelo, así que decidimos sentar-
nos. Carmen me ofreció un cigarro que rechacé
y nos quedamos en silencio contemplando la
escena. Una farola iluminaba un poco la habitación a través de una ventana de cristales
agrietados. Fuera, el viento hacía sonar las hojas de un árbol y proyectaba sus sombras baila-
rinas en nuestros cuerpos entumecidos.

–¿Venecia? –le pregunté de pronto.

Se quedó mirando el techo, bajó girando la cabeza y soltando el humo me contestó:

–Sí. Hace mucho.

–Pues no he estado nunca…

–Hum… Eras tú, pero al mismo tiempo no lo
eras. No sé si me explico.

Me quedé pensativa y al rato respondí.

–No.

–¿Crees en la reencarnación? –añadió colocándose un mechón de pelo detrás de la oreja.

–No. La verdad es que no creo en nada.

–¿En nada?

–No. Soy atea –dije solemnemente.

Se levantó. Lanzó la colilla al suelo y se dirigió a la esquina más oscura de la habitación, fundiéndose con la sombra. De pronto, su voz emergió desde allí, elevándose y ocupando toda la habitación. Esta vez sonaba distinta, lejana.

–Fue durante el Carnaval hace muchos, muchos años… tantos, que la mayoría de mis amigos han muerto ya. La memoria se nubla cuando las décadas pasan como si fueran días. Fue allí, cuando toda Venecia vestía de gala y celebrábamos los excesos, que tú y yo nos conocimos. Asistía a la fiesta de la familia Orseolo con la esperanza de divertirme un rato.

Desde que la condesa de Teverino me convirtió en vampira, cosa que al principio encontré excitante, al tiempo se volvió rutinario y desagradable. La eternidad no es tan apetecible como parece.

Rompí a carcajadas pero enseguida enmudecí. Un fulgor rojo iluminó unos segundos mi rostro, venía desde la misma esquina donde estaba Carmen, pero no alcancé a comprender qué había sucedido. Acto seguido unos dedos fríos acariciaron mi brazo, me sobresalté y cuando volví la cabeza, ella estaba a mi lado.

–¡Joder! ¡¿Qué...?!

–Entonces te vi.

Desde donde estaba ahora, la farola le hacía contraluz y apenas le podía ver la cara. Los pelos del abrigo eran ahora blancos y de su rostro apenas podía distinguir el brillo de sus ojos, que le daban un aspecto inquietante.

–Tu piel era más clara que ahora y tu cabello no era rizado, pero tenías la misma mirada de hoy, cuando te vi en el bar. Entonces también me gustaste. –Se apoyó en la ventana y mirando la noche continuó–: Rompí mi promesa a la condesa, te llevé a mi Palazzo y follamos sin parar durante días, extasiadas, colmando tu ansia y la mía. Pero todo aquello no fue suficiente, necesitaba más y más… Decidí unirnos para siempre de la única forma que conocía: mordiéndote. Fue poco antes de que amaneciera. No había cámaras entonces, pero hubiera sido una foto perfecta. Te abracé por la espalda, susurré algunas palabras y me ofreciste tu cuello. Era excitante sentir cómo algo cálido penetraba en mí… podía oír incluso cómo palpitaba por última vez tu corazón… me recordaba el bombeo de un orgasmo… –Con la mano izquierda formó un puño e imitó el latido–: Pam, pam, pam… hasta que tu alma abandonó este mundo, tu mundo…

–Para ser toda mía –añadió.

Estaba paralizada, no entendía qué estaba sucediendo, pero una voz dentro de mí me tranquilizó... Carmen no me haría daño ninguno. Acto seguido, como si hubiera oído mis pensamientos, tomó mi mano entre su pecho y la besó cerrando los ojos. Una lágrima se deslizó por su mejilla y con ella salió también un recuerdo.

–Aquello no le gustó a la condesa. Ella... ella me obligó...

Se levantó, caminó dos o tres pasos alejándose rápidamente de mí y dándome la espalda añadió sin un ápice de emoción:

–Tuve que matarte... por segunda vez... –Y girándose de nuevo, enseñándome su sonrisa terminó–: Desde entonces llevo soñando con encontrarte.

Tragué saliva y... aplaudí. Es lo único que se me ocurrió hacer.

Carmen se agachó y saludó al público imaginario haciendo una exagerada reverencia.

* * *

Tumbadas sobre aquella inmunda colchoneta nos dieron más de las seis de la mañana. Carmen tenía su cabeza sobre mi pecho, donde la veía subir y bajar al ritmo de mi respiración. Llevé la mano que tenía libre hacia su boca, acaricié con mi dedo índice sus labios, introduje suavemente el dedo dentro y lo deslicé hasta dar con su colmillo izquierdo. Presioné hasta arriba, clavándome el diente, hasta hacerme daño.

–No noto nada.

–¿Qué quieres notar?

–No sé… tenía la esperanza de que te crecieran los colmillos o algo así. Tampoco te brilla la piel…

Carmen soltó una carcajada, amplia y luminosa.

–Tú has visto muchas pelis –dijo mientras me apretaba la cara.

Me besó de nuevo. Cuando se despegó, me invadió cierta somnolencia.

–Besas demasiado bien. Aunque si lo pienso bien, me llevas quinientos años de experiencia y eso, pues claro, se nota... ¿Siempre usas ese truco para ligar? Lo de Venecia, el rollo de los vampiros, no sé... yo creo que en realidad no te hace falta.

Sonrió con su barbilla apoyada en mi pecho y por fin pude verle los ojos bien. Tal y como pensaba, siempre fueron naranjas, quizás con algunos toques marrones o caramelo, pero eran claros y tostados.

–Será mejor que nos vayamos –dijo dando unas pequeñas palmadas sobre mi pecho–. Es tarde.

Se levantó rápidamente. Yo me desperecé y estiré un poco, golpeando mis piernas para hacerlas entrar en calor. Cuando apoyé la mano en el suelo para coger impulso, sentí una punzada que me relampagueó en la palma haciéndome dar un pequeño grito. Se me había clavado un trozo de una botella de cerveza y estaba sangrando. Afortunadamente la herida era pequeña y apenas salieron unas gotas. Una de ellas cayó al suelo de hormigón tiñéndolo de rojo. Me presioné la herida con la otra mano.

Al verlo, Carmen se acercó y susurró:

–Las manos sangran siempre de forma muy aparatosa…

Con sus manos cogió mi mano y la subió hacia su cara, abrió la boca, sacó la lengua y chupó la palma muy despacio, succionando. Lo hizo dos o tres veces y al hacerlo me puso tan cachonda que me llegó a doler el coño. Una franja de luz amarilla apareció entonces sobre la pared del fondo de la habitación, iluminando la estancia con colores dorados.

–Está amaneciendo –alcancé a decir con la poca sangre que me quedaba en la garganta–. Será mejor que nos vayamos.

Con la luz naranja cegándome de frente alcancé a ver en el labio superior de Carmen algunos restos de mi sangre, brillante y húmeda aún. De pronto se giró, sin mediar palabra y como si tuviera mucha prisa, salió de la habitación. Lo último que vi de ella fue su abrigo rosa cruzando el umbral.

–¿Carmen?

Oí mi voz y el eco me despertó. Se oían unos pájaros y algo más lejos, un camión de la basura, pero nadie respondió.

–¿Carmen?

Grité más alto, incapaz de moverme. La luz pálida inundaba ya toda la habitación de un color amarillo muy claro. Comencé a andar hacia la puerta y antes de que llegara, Carmen de pronto asomó su cabeza a la vez que sonreía con malicia. Boté del susto.

–Venga, que a este paso, te mato del susto.

Me dio la mano, bajamos las escaleras y salimos a la calle cuidando que nadie nos viera. Después me besó por última vez, intercambiamos nuestros números y nos fuimos cada una a su casa. Antes de perderla de vista, me gritó:

–*Ci vediamo presto!*

Tan solo unos días después ocurrió una cosa extraña que aún no he podido explicar. Aparecieron en mi palma, a cada lado de la herida que me hice aquella noche, una cicatriz con forma de dos puntos. No me duele, ni me molesta, pero ya han pasado algunos meses y las marcas no desaparecen. Y bueno, sobre Carmen… sobre Carmen no supe nunca nada más, no la volví a ver en aquel bar, ni me la encontré de nuevo… Supongo que si alguna vez tengo dinero, la veré en Venecia.

LOVG

Loreto Ares, Irene Blanco Fuente,
Carmen Llorca Talavera

LORETO ARES, IRENE BLANCO FUENTE, CARMEN LLORCA TALAVERA. *Tres amigas, tres bolleras, pelín obsesivas y muy mamarrachas. Nos encontramos en los activismos de Madrid y nos gusta escribir a seis manos como resistencia amorosa, igual que nos encanta el chisme, la sopa densa (muy densa), y cantar en el coche y en el karaoke las canciones de La Oreja de Van Gogh. También somos intensas, como si eso no estuviera ya incluido en el carné de bollera. Por si acaso, lo reiteramos con orgullo y brilli brilli: sí, lo somos.*

LOVG[1]

Loreto Ares, Irene Blanco Fuente, Carmen Llorca Talavera

1. «Soledad»

Hola!

Querida yo.

Querido diario:

---

[1] Conocido acrónimo de Lesbianas Orgullosas Visibles y Gustosas. Ah, y a veces también se utiliza para referirse a un grupo español de música pop.

Hola!

Querida yo,

Querido diario:

* * *

[Carmen]
He llegado de Asturias hace unos días y me ha pasado algo muy fuerte que, de momento, solo te cuento a ti. Había una chica, R, de mi edad pero que parece más mayor. Nos hemos caído bien y hemos hablado mucho. Tiene pecas y ojos verdes, es morena, tiene una sonrisa muy bonita. Los pelitos de sus brazos son negros y me gustan mucho. No tiene en las piernas, pero yo sí. Es muy guapa, no sé, la chica más guapa del mundo.

[Loreto]
Hoy en misa he visto a ███. Me he puesto super nerviosa cuando tocaba darse la paz y me ha sonreído al darme la mano. AHHHH.

Quiero decir tantas cosas pero no puedo escribirlas. Ojalá ███ fuera un niño, a lo mejor lo es y está disfrazado yo qué sé por qué. Ojalá me lo dijera, por favor, Dios, que me lo diga, que me lo diga y así estaría todo ya bien. Si me lo dice yo te juro que no vuelvo a protestar por ir a misa ni a enfadarme con papá y mamá.

[Irene]
Pronto empieza el cole y estoy nerviosa. Este curso ya no estará mi mejor amiga Silvia en clase porque se ha mudado a Madrid. Antes de irse me regaló su aparato de la diabetes pero sin aguja porque puede ser peligroso. Me acuerdo mucho de ella cuando escucho La Oreja de Van Gogh, es su grupo favorito y ahora también el mío. Nuestra canción prefe es la de «Soledad», el otro día me la puse mientras jugaba con el cacharrito para la diabetes de Silvia. Después paré y cogí los Playmobil porque ya me dijo mamá que eso no es un juguete.

* * *

[Carmen]

Este verano han pasado muchas cosas. Cuando me tocaba estar con mi padre me ha bajado la regla. Sandra dijo que cuando me bajara me crecerían las tetas y las caderas. Pero todo está igual menos el sudor que ahora huelo más y también tengo pelillos en la axila, pero pocos. No sé si por la regla me ha pasado lo de R. He llorado tanto. Lloro tanto. Tengo grabado en la mente cuando la vi en la piscina y me escondí para mirarla. Ella también me vio pero no dijo nada.

[Loreto]

██████ y yo jugamos a una cosa nueva en su casa, justo los dos días que vimos Indiana Jones. Me meto en el baño sin cerrar por dentro y ella espera fuera a que me quite toda la ropa, también las bragas. No entra pero casi entra, y yo espero mientras me ordena que me esté de pie con los brazos bien abiertos y la escucho respirar por fuera y tengo mucha vergüenza por si pasa y me ve. Luego le da la risa y se va corriendo y yo me puedo vestir. Creo que me gustaría que un día entrase. Eso sí que no se lo voy a decir a nadie.

[Irene]
Ayer estaba mirando un periódico y encontré una cosa que quiero contarte. En las últimas páginas había una especie de cuadraditos y en algunos salían mujeres desnudas. Una de ellas tenía unas tetas muy grandes que no eran como las de mamá ni como las de las señoras de la piscina. En los cuadraditos había frases de estas mujeres, algunas ponían incluso los idiomas que sabían hablar. Mientras lo leía noté que me ardía un poco donde me roza la costura del pantalón. Entonces llegó papá y me dijo «¿qué lees?» y se asomó al periódico y aunque no dijo nada yo noté que puso una cara un poco rara.

***

[Carmen]
Creo que si se lo cuento a alguien, aparte de a ti, será a Irene y Loreto. Pero tengo miedo de no gustarles, que dejen de querer ser mis amigas. Tengo miedo. Soy lo que todo el mundo me ha dicho. Y sé que hay gente a la que eso le da asco. No le voy a gustar nunca a nadie hasta que sea mayor. No podré elegir porque no hay casi. Y todas son feas y mayores y están enfadadas o tristes o las dos cosas. Y tienen el pelo como mamá. Y trabajan mucho y están solas. Yo no quiero estar sola ni trabajar mucho. Soy ellas pero no lo soy y ellas no me gustan. Me gusta R, que es como las de mi clase, pero tampoco soy así. Pero a ellas no les gusto, ¿y a R?

[Loreto]
¿Podría contarles a Irene y a Carmen lo de ███ ███? Si se lo cuento y se lo cuentan a la profe me moriría. O si mamá se entera. Pero me moriría de verdad, ¿eh? ¿Habrá más gente a la que le pase? ¿Seré la única? ¿Me encerrarán para estudiarme como al niño de ET? A mí no me importa ser diferente, pero no quiero estar

sola. A lo mejor por eso estoy siempre rara y lejos, aunque no se den cuenta. Si se dan cuenta me muero. Seguro que sería como Jorge el del B y ya no tendría amigos. Me ha dado cagalera solo de pensar en hablarlo mañana con ellas. Aquí en el diario también da nervios, pero en persona las palabras no se pueden tachar. Qué miedo, jolín. Qué sola.

[Irene]

En verano estuve en el pueblo de mi prima y le hablé de mi amigo Javi y ella dijo «este chico me gusta para ti». Le enseñé una foto y volvió a decir «este chico me gusta para ti». Una tarde íbamos en el coche con la familia y ella me preguntó por Javi otra vez. Empezamos a hablar de novios y yo le dije que creía que nadie me iba a querer nunca y ella se sorprendió mucho y ya cambiamos la conversación porque creo que todo el mundo notó que yo estaba un poco triste de repente. Tenía ganas de llorar pero me aguanté, me daba miedo decir lo que pensaba de verdad. ¿A lo mejor puedo contárselo a Carmen y Loreto? Me da mucho miedo que nadie me quiera nunca y me quede sola como la tía Maribel.

*   *   *

Está terminando el verano y me voy con Loreto e Irene a Ávila.

Mañana es la excursión con Irene y con Carmen. No me gusta mucho dormir fuera y estoy bastante nerviosa.

Tengo muchas ganas de ver a Carmen y Loreto mañana.

2. «Mariposa»

(Interior autobús. Tres amigas de diecisiete años entran con sus mochilas. Loreto saca su walkman, Irene su discman y Carmen su mp4).

LORETO: Tías, ¿habéis escuchado lo último de La Oreja de Van Gogh? A Bárbara le encanta, tengo la de «Mariposa» en bucle.

IRENE: Bueno, Bárbara otra vez, ¿vais en serio entonces?

LORETO: Super en serio. Vamos, que estamos enamoradas, que esto es para siempre, de verdad. Y tú, Carmen, ¿estás igual con Lucía?

CARMEN: Totalmente. O sea, es que la miro y es la persona más guay del mundo, es lo único que está bien en mi vida.

LORETO: Te entiendo total. Yo es que no sé explicarlo, es como si tuviera familia de repente, ahora además que ya sabéis cómo están las cosas con mi madre...

IRENE: Tía, ¿sigue mal por tu salida del armario?

LORETO: Bueno, es la salida del armario, la depresión, el instituto, yo qué sé, todo. A veces pienso que me odia. En serio, creo que si no existiera Bárbara me moriría. Que sé que estáis vosotras, y más amigos, y mis hermanos..., pero es que no es lo mismo, es que no sé lo que haría sin ella. Que además es que tú, Carmen, conoces a un montón de lesbianas, pero yo solo la conozco a ella, y gracias a internet.

CARMEN: Pero eso es por el fútbol. Yo creo que cuanto más mayores seamos, más lesbianas habrá. Porque todas las lesbianas que hay son mayores. Sobre lo que dices de Bárbara, Loreto, yo también lo he pensado a veces, pero Lucía me dijo que me acuerde de que yo existía también antes de conocerla.

IRENE: Pues si vosotras os rayáis, imaginaos yo, que es que os juro que no conozco a ninguna. Y, sí, Lucía tiene razón, ya teníais una vida antes de estar con ellas.

LORETO: Sí… pero una vida de mierda.

(Carmen asiente. Irene baja la cabeza.)

IRENE: Pues la que tengo yo ahora. La verdad es que estoy un poco angustiada porque el año que viene empezamos la uni y todavía no me he liado con nadie... Pienso mentir si alguien me pregunta, pero puf, qué fatiga...

CARMEN: Bueno, pero no te preocupes, yo conozco varias chicas que no han estado con nadie todavía, no es tan raro.

IRENE: Ya, lo sé, pero estoy bastante rayada... es que directamente no sé ni lo que me gusta, tengo un jaleo... El otro día le conté a mi amigo Javi que me gustaban las chicas.

CARMEN: ¿En serio? ¿Y qué te dijo? Porque Javi es gay, ¿no?

IRENE: Bueno, no, no lo es, al menos no de momento. Me dijo que ya se imaginaba que me gustaban las chicas y que no pasaba nada. Y me dio un abrazo. Fue justo al lado de unos cubos de basura que olían fatal, aunque fue bonito igual.

LORETO: Claro, te acordarás para siempre. De su abrazo y del olor fétido (risas).

IRENE: Ay, tías, a veces pienso que nadie me va a querer nunca.

LORETO: ¡No digas eso! Nosotras te queremos.

IRENE: Ya, pero me entendéis... yo también quiero vivir mi historia de amor, pero estoy cagada de miedo. No sé qué van a pensar mis padres... Me da miedo no ser capaz de enfrentarme a quién soy de verdad.

CARMEN: No tengas prisa, llegará cuando tenga que llegar, nena, tú a lo tuyo y al resto que le vayan dando.

LORETO: De momento tenemos este viaje juntas por delante (sonríe).

CARMEN: Ya ves, tenía unas ganas de pirarme unos días de casa...

IRENE: Yo también. Solo voy a tener ganas de volver para ver el siguiente capítulo de *Hospital Central*.

LORETO: Que te interesa a ti ahora mucho la medicina de repente… (risas).

IRENE: Ay, es que Maca es tan guapa… Yo en realidad no sé si me gusta o si quiero ser como ella. Pero cada vez que sale tengo que disimular si está mi madre delante y decir que me gusta el del SAMUR.

LORETO: Bueno, claro, Maca también me parece guapísima a mí. Me encantaría que viniera a buscarme un día con su moto y su chupa de cuero (risas).

CARMEN: Yo soy más de Marisol. Además, Maca va de macarra pero…

IRENE: Pues como tú (risas).

CARMEN: Ya le gustaría. Va de macarra pero luego es una pija.

LORETO: Además, a ti no te gusta llevar el pelo suelto y Maca siempre lleva el melenón al viento.

CARMEN: Puf, estoy harta de que todo el mundo me diga que me suelte el pelo. Me gusta estar con mi moño; más cómodo para el fútbol, y para los besos, por qué no decirlo. No sé por qué la gente insiste tanto.

IRENE: Pero tía, si tú eres guapísima de cualquier manera. La gente te mira (Loreto asiente).

CARMEN: Me miran porque soy rara, no porque sea «guapa». Vosotras pensáis eso porque sois mis amigas. Y tías, hay veces que pienso que no sé si soy como un chico o algo así...

LORETO: ¿En serio?, ¿y eso?

CARMEN: Pues porque me voy a la ropa de tíos, el fútbol, que me gusten las chicas. Todo, mi modo de ser... yo qué sé. Y también veo que le gusto a las chicas, que me dicen que si yo fuera un chico sería el novio ideal, ¿por qué no la novia ideal? Entonces pienso que si no le gusto a los chicos y sí a las chicas, pues tal vez soy un chico. Además, no tengo tetas, y me gusta estar así fuerte, ¿me entendéis? Si me confunden todo el rato con un chico, pues yo qué sé, no hay drama, pero quiero saberlo.

LORETO: Tía, es que yo cuando estoy con vosotras, como que tampoco pienso mucho en si sois chicas o chicos. Que tampoco lo sé, vamos.

IRENE: Ya… Es que entiendo lo que dices, Carmen. Hace poco leí un reportaje que hablaba de personas transexuales. Y a mí me ha pasado que... no es exactamente como lo que tú dices, pero me ha pasado varias veces que me han relacionado con cosas de chicos, me han dicho que tengo manos de chico, o que se me nota la nuez y que tengo voz de camionero. A veces dudo si hay algún fallo dentro de mí, si estaba destinada a otra cosa y me he quedado en algo intermedio.

LORETO: Pues yo a veces también me rayo, pero no porque piense que soy un chico, sino porque no sé bien si soy una chica. Tengo la sensación de que los chicos se dan cuenta y por eso no ligan conmigo.

IRENE: Ya… menuda movida. Y oye, Carmen, ¿le has dicho a Lucía?

CARMEN: Sí, le dije que no sabía si era un chico, preocupada por que dejara de quererme, claro. Así que le pregunté tal cual si seguiría conmigo… Y me dijo que claro que me quería, y también me preguntó por qué lo pensaba. Y le expliqué todo lo que os he contado; me dijo que podía ser una chica vistiéndome así, jugando al fútbol y gustándome las chicas. No sé, ya no me preocupa tanto si ella me quiere en cualquier caso.

DIRECTORA: ¡Corten! Gracias, chicas, ha estado genial.

(Loreto, Carmen e Irene se levantan de las sillas de atrezo y se dan un abrazo.)

CARMEN: Joder, tías, ¿cómo os habéis sentido? Esto sí que ha sido un viaje.

LORETO: Ya ves, yo me he sentido rarísima porque ni de coña habría hablado así con nadie a los diecisiete años.

IRENE: Ojalá haber tenido unas amigas como vosotras en aquella época, y una novia ya de paso, no me habría importado (risas).

3. «Rosas»

La Casa Rosa no es una casa de barbies, sino el lugar donde hemos ido a parar en esta especie de retiro creativo. La vivienda de dos plantas está situada en un pueblo de Ávila. Hace más frío del que esperábamos y logramos encender la chimenea. «Bueno, *yo* logro encender la chimenea», acota Loreto.

El alojamiento es bastante espectacular, «*boho chic*», decimos como si leyéramos *AD*[2] cada

---

2 «¿Qué es *AD*?», pregunta Carmen. «Una revista de decoración, ¿no? Como de intelectuales y moderna», responde Irene, «yo lo que he tenido que buscar es eso de

mañana. Nos sentamos las tres en círculo, cada una en una silla de ratán con tela en crudo, nos tapamos con las mantas de elegante algodón reciclado, estampadas con motivos geométricos. Algunas pullas cariñosas sobrevuelan la atmósfera, mientras inventamos nuevas dinámicas para escribir juntas el capítulo de *(h)amor bi(y)bollo*.

Suena el timbre.

Dejamos de escribir y nos miramos sorprendidas. «¿Quién coño será a estas horas?». Aparcamos los ordenadores entre risas nerviosas y abrimos la puerta. Tres jóvenes con sus anoraks de plumón nos devuelven la mirada.

Joder. Somos nosotras tres con diecisiete años.

---

boho chic». «Ay, tías, poned *boho chic* deco en Pinterest y veis como es tal cual, que es que estáis cero en internet», cierra Loreto.

La primera en entrar es Carmen, que avanza por el pasillo de la entrada: «Hostia, menudo casoplón». Le sigue Loreto, que entra con cierta timidez sujetando un libro entre los brazos. La última en pasar es Irene, que murmura un «perdón» casi inaudible con cara de circunstancias.

En ese momento, escuchamos un estruendo en el salón. Nos apresuramos de vuelta y vemos el cristal de la puerta del patio hecho trizas.

Una voz se cuela desde fuera. «¡Ha sido gol!». «Sí, claro, a ver si dices lo mismo cuando te echen la bronca». Nos asomamos y distinguimos tres figuras. Las pequeñas Carmen e Irene discuten sobre la validez de la jugada. Mientras, la niña Loreto, en una esquina, lee entusiasmada a todos sus peluches, colocados en corro, el último libro de *El pequeño vampiro*.

Miramos congeladas a estas niñas, que también somos nosotras, sin apenas poder balbucear una palabra. Nos acercamos las tres, protegiéndonos de ese torbellino, buscándonos las manos, la caricia sutil, el pellizco que nos haga despertar.

«¡Bueno! ¡Menudas cartas!». El grito nos hace dar un respingo. En la mesa metálica del patio, un grupo de señoras juegan al chinchón. «Calla, que todavía queda partida». «Mira, eh... para partida intensita la que pasamos con nuestras hijas en la adolescencia...». «Chitón, que bien orgullosas estamos de ellas ahora». Son nuestras madres. Ríen entre naipes y tazas de café.

Cuando volvemos a nuestras butacas para intentar recomponernos del susto, resulta que están ocupadas por Bárbara y Lucía, que hacen manitas bajo la manta. «Loreto, tía, que nuestras novias adolescentes están liadas», susurra Carmen. «Cero unidades de sorpresa, quién no se ha dado un pipazo con la exnovia de una amiga». Parece que ya solo nos queda reír.

Intentamos el sofá, pero, allí, R, ▮▮▮▮ y Silvia, nuestros *crushes* de la infancia, se hacen cosquillitas en los brazos. Ni siquiera se percatan de que las estamos mirando con asombro. ████ les cuenta a Silvia y a R que el otro día, en misa, se encontró con Loreto. Saca una estampa de su bolsillo: «Mirad, cuando nos vimos me regaló esto». Justo cuando su dedo se posa sobre la figura de Santa Teresa de Jesús, sucede algo todavía más inverosímil. La monja se remanga los hábitos y se despega de la cartulina laminada, primero saca un pie, luego el otro, hasta estar frente a las tres niñas que la miran sin poder articular palabra. «Uy, maricón, que me dejo la pluma dentro», les dice guiñando un ojo mientras rebusca en la estampita hasta dar con ella.

En ese momento, nos distrae el ruido de un motor encendido. En la calle se escuchan voces, así que no dudamos en salir para ver qué pasa ahora. Nos encontramos a Pepa Flores en la acera jaleando a una moto que hace virguerías frente a nuestra casa. «Corre, corre, caballito, trota por la carretera, no detengas tu carrera, que lleguemos tempranito», canta a todo meter mientras la motorista hace varios trompos seguidos. Finalmente frena y se quita el casco, dejando ver su melena. En la ventana del primer piso se amontonan tres rostros adolescentes pegados al cristal. Irene y Loreto gritan: «¡Es Maca, aaaaah, Maca, la de *Hospital Central*!». Pero Carmen solo tiene ojos para Pepa, que ha traído pasteles de San Pedro para todes.

El frío y las ganas de merienda nos hacen entrar y volver al salón, buscando el calor de la lumbre. Como una noche de Navidad, bajan de pronto por la chimenea les amigues del bloque bollero, impregnades de purpurina. Las tres niñas y las tres adolescentes les miran embelesadas: las crestas, las melenas teñidas, los mullets, las plataformas, las camisas rectas y las ajustadas minifaldas de *animal print*. «¿Son nuestras amigas?», pregunta la niña Irene tímidamente. «Sí, somos», dice con dulzura una de ellas, sentándose en la alfombra tras descalzarse y dejar las Martens veganas junto a la chimenea.

Otra empuja un carrito con el equipo de sonido de las manifestaciones. El volumen de la música sube y no podemos evitar sumarnos al baile de cuerpos: ahí están nuestras niñas, nuestras adolescentes, nuestras madres, nuestros *crushes* del pasado, las señoras butch que temíamos y que ahora adoramos, Santa Teresa de Jesús, Pepa Flores y hasta Maca, y bailamos, bailamos y bailamos, bailamos por todas las veces que no pudimos bailar, bailamos por todas las veces que hubiéramos deseado hacerlo.

Entre canción y canción, nosotras tres observamos la escena con los ojos empañados y el corazón blandito. «Tremendas mariconas mamarrachas», dice Irene. Las niñas y las adolescentes inventan juntas coreografías imposibles, a las que se suman algunes amigues. «No estoy llorando, tú estás llorando», murmura Loreto. Reímos. Nunca más estaréis solas.

En un día de estos en que suelo pensar: hoy va a ser el día menos pensado…

Playlist

Colección La pasión de Mary Read